KÖNIGS FURT

Zu diesem Buch

Von Lolita bis zu Jeanne d'Arc, von den klugen und den törichten Jungfrauen bis zu Aschenputtel und Rotkäppchen, weiter bis zum »Steppenwolf« und dem »der mit dem Wolf tanzt« stellt die Symbolfigur der Jungfrau einen wechselvollen, überaus bedeutungsreichen Motivkreis vor. Archetypische Bilder wie die Figur des Eremiten und die des Magiers oder wie der antike Mythos von Kore und Demeter bilden den Hintergrund für die heutige Bedeutung der *Jungfrau in uns* als Inbegriff der persönlichen Individualität und als Gleichnis für den eigenen Weg.

»Motiv und Bedeutung der Jungfrau beschränken sich dabei nicht auf die Astrologie. Gegenstand der vorliegenden Symbolkunde sind ferner die Symbolsprachen Tarot, Traum- und Märchendeutung. Der Zweck dieser Kombination besteht vor allem darin, den *Bedeutungsreichtum* der landläufig als Tierkreiszeichen bekannten Symbolgestalten wiederzugewinnen... Die Tierkreiszeichen stellen kulturelle Leitbilder dar, sie vermitteln und konzentrieren die Erfahrungswerte vieler Generationen...«

Über den Autor Johannes Fiebig, am 30.03.1953 in Köln geboren, studierte Sozialwissenschaften, Geschichte, Germanistik und Psychologie. Mehrere Jahre war der ausgebildete Gymnasiallehrer als Verlagslektor tätig. Seit 1984 widmet er sich als Autor den Symbolsprachen. In zahlreichen Vorträgen und Seminaren hat Fiebig sich dafür eingesetzt, sich den »fantastischen Dingen zwischen Himmel und Erde« anzuvertrauen und zugleich Gebiete der traditionellen Grenzwissenschaften zu entmystifizieren. Die Gesamtauflage seiner Schriften liegt über 200000. Sein gemeinsam mit Evelin Bürger verfaßtes »Tarot – Spiegel Deiner Möglichkeiten« ist eines der bekanntesten Tarot-Bücher. E. Bürger und J. Fiebig leben mit ihren beiden Kindern in Klein Königsförde, unweit von Kiel.

Johannes Fiebig

Die Jungfrau in uns

Erfahrung und Ernte

Königsfurt Verlag

Reihe
Astrologie, Tarot, Träume & Märchen
Band 6
Jungfrau

Originalausgabe
Königsförde November 1991

Copyright © Königsfurt Verlag
Bürger & Fiebig
Königsfurt 6
D-2371 Klein Königsförde
am Nord-Ostsee-Kanal
(Post Bredenbek)

Umschlaggestaltung: Michael Rompf, Hamburg

Abbildung der Tarot-Karten:
Rider Waite Tarot und Crowley Thoth Tarot –
Bezugsquellennachweis und Copyright
bei AG Müller, Neuhausen/Schweiz.
Ancien Tarot de Marseille –
Copyright bei Ets France Cartes – Grimaud, Paris.

Schreibarbeiten: Anke Senff, Mielkendorf bei Kiel

Gesamtherstellung: Clausen & Bosse, Leck
Printed in Germany
ISBN 3-927808-06-7

Inhalt

Für Agnes, Christoph,
Anna, Gabi und Margret

»*Die Unschuld ist nichts,
was man verlieren,
sondern eher etwas,
was man gewinnen kann.*«

(Bertolt Brecht)

Die Jungfrau in uns

Eine Einführung in die Symbolkunde

Die *Jungfrau in uns* spricht alle, welche im Zeichen der Jungfrau, vom 23.8.–22.9., Geburtstag feiern, besonders an. Doch nicht nur diese. Astrologisch gesehen, hat *jede* und *jeder* alle zwölf Tierkreiszeichen und also auch eine »Jungfrau« in sich.

Nach gängiger Auffassung ergänzt die Jungfrau die Zeichen Stier und Steinbock, sie versteht sich gut mit Krebs und Skorpion, und sie besitzt ein spezielles Verhältnis von Gegensatz und Ergänzung zu den Fischen. – Zwillinge und Schütze stellen bestimmte Eckpunkte – Herausforderungen und Grundkonflikte – für die Jungfrau dar. – Widder und Wassermann sind der Jungfrau über die sogenannte »Schicksalslinie« (Quincunx) verbunden – sie bescheren sich gegenseitig besondere Streß-, aber auch Wachstumsmöglichkeiten. – Unmittelbar benachbart sind Löwe und Waage; während die ältere Astrologie glaubte, nebeneinanderliegende Zeichen hätten nicht viel gemeinsam, so geht eine neuere Auffassung dahin, den Jahreskreis unter anderem als stufenlosen Übergang zu verstehen, wonach die Jungfrau aus dem Löwen hervorgeht, um schließlich zur Waage zu werden.

So befinden sich alle Tierkreiszeichen in einer *bestimmten* Beziehung zur Jungfrau, und alle können von einem besseren Verständnis der »Jungfrau« vieles profitieren.

Die »Jungfrau« geht alle an

Motiv und Bedeutung der Jungfrau beschränken sich jedoch nicht auf die Astrologie. Gegenstand der vorliegenden Symbolkunde sind ebenfalls die Symbolsprachen Tarot, Traum- und Märchendeutung. Der Zweck dieser Kombination besteht vor allem darin, den *Bedeutungsreichtum* der landläufig als »Tierkreiszeichen« bekannten Symbolgestalten wiederzugewinnen bzw. einen Beitrag dazu zu leisten. Die Tierkreiszeichen beinhalten allesamt wesentlich mehr als ein paar Verhaltens- oder Charaktermerkmale. Sie stellen kulturelle Leitbilder dar, sie vermitteln und konzentrieren die Erfahrungswerte vieler Generationen, auch wenn dies in vielen astrologischen Lehrbüchern nicht wiederzufinden ist.

Bei keinem Tierkreiszeichen wird dieser Sachverhalt aber deutlicher als bei der Jungfrau. Die kulturgeschichtlichen, religiösen, mythologischen, psychologischen, philosophischen und unmittelbar-praktischen Zusammenhänge liegen hier eher auf der Hand, weil »Jungfrau« und »Jungfräulichkeit« Themen des Kultur- und des Alltagslebens waren und sind, von denen jede / r eine gewisse Kenntnis besitzt. Wie die Kindheit, so gilt auch die Jungfräulichkeit in den meisten Kulturen der Welt als eine bestimmte Qualität, als ein besonderer Wert in der Entwicklung der oder des Einzelnen (und der Menschheit insgesamt). Bis in die heutige Zeit stellt die »Unschuld« ein gewisses Reizthema dar.

Jungfräulichkeit als Tabu und Privileg

Es ist bekannt, daß dem Erhalt oder dem »Verlust« der (sexuellen) Jungfräulichkeit bis vor wenigen Jahrzehnten eine oftmals dramatische, ja schicksalsentscheidende Bedeutung zukam. Das »Recht der ersten Nacht« stellte ein Tabu bzw. ein Privileg ersten Ranges dar, dessen Verletzung Familienkriege und anderes mehr heraufbeschwor. Anstatt aus heutiger Sicht darüber einfach achselzuckend hinwegzugehen, erscheint es wichtiger, etwas von den *Gründen* dieser früheren Tabuisierung und Verherrlichung zu verstehen. Dadurch läßt sich u. a. zeigen, daß die Wucht uralter Wünsche und Ängste im Zusammenhang mit der Jungfräulichkeit noch weiter besteht, heute nur in gewandelter Gestalt auftritt.

Bevor das Christentum die Jungfräulichkeit – vor allem in Gestalt der Maria – zu einem besonderen Leitbild erhob, erkannten bereits zahlreiche Kulte der Antike der Jungfräulichkeit eine besondere Funktion zu: im alten Indien etwa als Voraussetzung für die Verbindung mit der göttlichen Allkraft. Im antiken Rom, um ein weiteres Beispiel zu nennen, gab es sowohl die Sibyllen – Weissagerinnen und Prophetinnen – wie auch die Vestalinnen, welche aus der jungfräulichen Abgeschiedenheit *Kraft* für ihre prophetische Begabung und für eine enthusiastische, unmittelbare Gottesbegegnung zogen. Die Vestalinnen oder *vestalischen Jungfrauen* hatten die Aufgabe, das heilige Herdfeuer zu hüten und zu erneuern, sie besaßen ganz besondere gesellschaftliche Vorrechte.

Der Mythos von Kore und Demeter

Noch weiter, bis in die Frühgeschichte des Altertums gehen die Mythen zurück. Hier ist zunächst die Diana (griechisch Artemis) zu erwähnen, in einer Gestalt *Jungfrau, Jägerin* – Wald- und Jagdgöttin, mit Jagdhund, Bogen und Köcher dargestellt – und *Mondgottheit* – mit Halbmond auf dem Scheitel und Fackeln in den Händen.

Darüber hinaus ist der Mythos von Kore und Demeter besonders wichtig zum Verständnis der Jungfrau-Symbolik und ihrer Ursprünge. Kore (heute noch im Vornamen Kora oder Cora erhalten) heißt im Altgriechischen schlicht Jungfrau oder Mädchen; sie wird – wie auch das Tierkreiszeichen Jungfrau in Folge – häufig mit einer Ähre dargestellt. Kore – auch Persephone genannt – ist Tochter von Demeter und Zeus. Demeter stellt die Erdmutter dar, sie ist Göttin der Fruchtbarkeit und des Ackerbaus (auch hierin liegt eine deutliche Parallele zum Tierkreiszeichen Jungfrau). Die Priesterinnen der Demeter weihten in frühgeschichtlicher Zeit die jungen Frauen und Männer in die ehelichen Geheimnisse ein. Diese Einweihungsriten lebten sodann in den *Mysterien von Eleusis*, einem der bekanntesten Mysterienkulte der Antike, weiter.

Inhalt der Mysterien von Eleusis war, soweit sie bis heute rekonstruiert werden konnten, eben der Mythos von Kore und Demeter, welcher in feierlichem Spiel nachempfunden wurde: Hades (auch Pluton genannt), der Gott der schattenhaften Unterwelt, verliebt sich in Kore und entführt das Mädchen, als es gerade auf einer Wiese Blumen (Narzissen u. a.) pflückt. Hades, der

»Unsichtbare«, nimmt Kore in seinen Wagen, der, von schwarzen Pferden gezogen, in eine Kluft jagt, zu welcher sich die Erde gerade geöffnet hat. – Demeter aber weiß nicht, warum oder wohin ihre Tochter ihr verlorengegangen ist. Neun Tage und neun Nächte sucht sie sie, ohne Rast, ohne zu essen oder zu trinken. Nach einigen Verwicklungen erfährt Demeter dann, was geschehen ist; und zwar mit Hilfe von Hekate, Göttin der Nacht und der Finsternis, sowie von Helios, dem Sonnengott.

Ihre Trauer darüber ist so groß, daß sie den Olymp, die Gemeinschaft der Götter flieht und in der Gestalt einer Menschenfrau in ärmlicher Kleidung unter den Menschen unstet umherwandert. In Eleusis (»Ankunft«) bei Athen wird sie erkannt und gastlich aufgenommen. Sie zürnt dem Zeus, der den Raub ihrer Tochter zugelassen und indirekt gebilligt hat, und nimmt der Erde jegliche Fruchtbarkeit, so daß eine große Hungersnot die ganze Menschheit zu vernichten droht. Schließlich bestimmt Zeus, daß Persephone zwei Drittel des Jahres bei ihr und ein Drittel bei ihrem Gatten unter der Erde verbringen solle. Weilt sie auf der Oberwelt, dann läßt Demeter Blumen und Feldfrüchte sprießen, verläßt sie jedoch die Erde, dann wird es Winter. Den Sohn des Königs von Eleusis, Triptolemos, lehrt Demeter aus Dankbarkeit für die gastliche Aufnahme die Geheimnisse des Ackerbaus und der Fruchtbarkeit.

Der traumatische Verlust der Tochter und die verzweifelte Suche der Mutter, welche dieser alte Mythos zum Ausdruck bringt, darf als ein wesentlicher Hintergrund für die Tabuisierung – die Verherrlichung wie auch Dämonisierung – der Jungfräulichkeit angesehen werden.

Dabei stellt dieser Mythos nicht nur eine frühgeschicht-liche Anekdote dar. Bis heute hat er seine besondere Eindrücklichkeit behalten (oder neugewonnen), was z. B. daran deutlich wird, daß Bücher und Filme wie »*Nicht ohne meine Tochter*« in allerjüngster Vergan-genheit ein millionenfaches Publikum faszinieren!

Allerdings geht es den Mythen, deren Ursprung 3 000 Jahre und weit mehr zurückreicht, nicht um irgendeine Individualgeschichte. Kore, Demeter und Hekate – junge Frau, Frau und altes Weib – sind frühgeschicht-liche Gestaltungen der Großen Göttin, der Erdmutter. Die Fruchtbarkeit des Ackers, aber auch die mensch-liche Fortpflanzung und das Wachstum der Menschen erscheint zu jener Zeit tatsächlich als ein komplettes Mysterium und wird mit zum Teil grausamen, zum Teil ekstatisch-dionysischen Riten gefeiert. Diese teils zor-nigen, teils rasend-orgiastischen Züge treten in weite-ren Beschreibungen auch an Persephone, dieser urbild-lichen »Jungfrau«, hervor. – Auf dieses alte Vor-Bild kann eine spätere, d. h. moderne Legendenbildung zu-rückgreifen, wie etwa im Falle der Jeanne d'Arc, der heiligen, kämpferischen Heerführerin und »Jungfrau von Orleans«. – Wenn in heutiger Zeit die Kindfrau als verlockende und verlangende Nymphe zu einem weiteren Inbegriff der »Jungfrau« geworden ist, so hat dies aktuelle Anlässe (V. V. Nabokov's Roman »Lo-lita« beispielsweise erschien erst 1955), aber ebenfalls eine Vorgeschichte bis in die mythischen Zeiten zu-rück.

Historisch gesehen, spiegelt der Mythos von Kore und Demeter den Einbruch der männlich-patriarchalen Kultur in eine vormals ausschließlich matriarchale Welt. Die zuvor fraglose Identität, die Abfolge von

Mutter und Tochter geht verloren. Die Erdmutter bangt um ihre Nachfolgerin, um die Erneuerung der Erde, um ihre eigene Fortsetzung.

Psychologisch verstanden, wird eine mütterlich geprägte, selbstverständliche Einheit mit dem Leben durch die Begegnung mit dem Männlichen aufgebrochen. Es entsteht eine Kluft, eine zuvor unsichtbare Schattenwelt nimmt gefangen, bis Licht und Finsternis (Helios und Hekate) geschieden und daher zu Hilfe gerufen, d. h. genutzt werden können.

Zur Aufgabe der vorliegenden Symbolkunde

Indem wir auf den folgenden Seiten die Darstellung des Jungfrau-Motivs in den verschiedenen Symbolsprachen untersuchen, werden wir diesen Weg der Befreiung aus einer zunächst überwältigenden Schattenwelt Schritt um Schritt vorangehen, bis nach manchen Verwicklungen auch für die heutige Bedeutung der Jungfrau schließlich hinreichende Unterscheidungen und neue Perspektiven gewonnen werden.

Zugleich gilt: Wie der mündliche und der schriftliche Ausdruck, wie die Körpersprache, so besitzen auch die speziellen Symbolsprachen Tarot, Astrologie, Traumdeutung und Märchenkunde ihren Wortschatz und ihre Grammatik. Darin möchte das vorliegende Buch Einblicke gewähren. Es möchte deutlich machen, wie viel Vergnügen, Spannung und Nutzen aus ihnen zu ziehen sind. Zusätzlich vermittelt es Anregungen und »Handwerkszeug« für eine weitergehende, selbständige Beschäftigung. Zunächst ein Überblick über die Leistungsmerkmale der einzelnen Symbolsprachen:

Mit der **Astrologie** achten und beachten wir im besonderen die »Qualität der Zeit«, in der wir einen Schlüssel zum Verständnis der Einmaligkeit, d.h. der Vergänglichkeit und der Ewigkeit des Augenblickes und eines Lebensschicksals finden können. Indem die Astrologie (in Form von Elementen, Tierkreiszeichen und »Planeten« u.a.) an einer Typenbildung von Charakteren und Verhaltensweisen arbeitet, leistet sie einen unvergleichlichen Beitrag zu einer »Grammatik des Unbewußten«.

Das **Tarot-Kartenlegen** ist ein wirkungsvoller Spiel- und Trainingsplatz, auf dem es in mehrfacher Hinsicht möglich ist, dem Alltag in die Karten zu schauen. Die Qualität der Zeit nimmt – über die Arbeit mit dem »Zufall« beim Kartenlegen – ebenfalls eine große Rolle ein. Hinzu kommen die Begegnungen mit kulturellen Leitbildern, mit individuellen Sehgewohnheiten und mit dem Selbstbild einer Person. Das Tarot-Kartenlegen ist ganz wesentlich eine Kunst des Augenblicks, wobei »Augenblick« sowohl das Schauen sowie den Zeitmoment meint. Es verlangt und entwickelt eine besondere Achtsamkeit für die Betroffenheit der eigenen Person.

Während die Astrologie die seelische Begriffsbildung und das Tarot die seelische Wahrnehmung der Außenwelt in den Mittelpunkt der Aufmerksamkeit rücken, betont die **Traumdeutung** die bewußte oder ausdrückliche Wahrnehmung der Innenwelt. Die Achtsamkeit besitzt auch hier eine besondere Bedeutung. Träumen stellt eine Art geistigen Schauens dar. Und in der praktischen Traumdeutung hängt viel von der Assoziationskraft ab, die wiederum eine Offenheit für die Impulse des Moments erfordert.

Märchen wurden bis ins frühe 19. Jahrhundert weitaus häufiger für Erwachsene als für Kinder erzählt. Sie waren Teil einer Volkstradition, die bis dahin als nicht druckfähig galt und die im Sinne der Schrift- und Kulturwelt sprachlos war. Die klassischen Märchen zeugen von der Herausbildung einer Volksmythologie, mit der sich die »kleinen Leute« u. a. gegen ihre offizielle Sprachlosigkeit behaupteten. Diese Zusammenhänge sind nicht allein von geschichtlichem Interesse. Auch in der individuellen Entwicklung eines heutigen Menschen gibt es immer wieder »sprachlose« Zeiten und die Notwendigkeit, eine persönliche Vision und einen privaten Mythos zu behaupten. Märchen aktualisieren die Betroffenheit und können die erforderlichen Kräfte des Vertrauens und der Begeisterung für den persönlichen Weg stärken.

Zwischen Bewunderung und Unverständnis

Die Jungfrau in der Astrologie

»Am 28. August..., mittags mit dem Glockenschlage zwölf, kam ich in Frankfurt am Main auf die Welt. Die Konstellation war glücklich; die Sonne stand im Zeichen der Jungfrau und kulminierte für den Tag; Jupiter und Venus blickten sich freundlich an, Merkur nicht widerwärtig; Saturn und Mars verhielten sich gleichgültig: nur der Mond, der soeben voll ward, übte die Kraft seines Gegenscheins um so mehr, als zugleich seine Planetenstunde eingetreten war. Er widersetzte sich daher meiner Geburt, die nicht eher erfolgen konnte, als bis diese Stunde vorübergegangen.« Mit diesen Worten schildert Johann Wolfgang v. Goethe – wohl die bekannteste »Jungfrau« Deutschlands – die Umstände seiner Geburt im Jahre 1749. Es spricht für die Persönlichkeit Goethes, aber auch für einen *typischen* Charakterzug der astrologischen Jungfrau, wenn der Dichter in seinen individuellen Geburtserlebnissen zugleich auch Bedeutungen wahrnimmt, welche der Allgemeinheit dienen: »Diese guten Aspekte, welche mir die Astrologen in der Folgezeit sehr hoch anzurechnen wußten, mögen wohl die Ursache an meiner Erhaltung gewesen sein: denn durch die Ungeschicklichkeit der Hebamme kam ich für tot auf die Welt, und nur durch vielfache Bemühungen brachte man es dahin, daß ich das Licht erblickte. Dieser Umstand, welcher die Meinigen in große Not versetzt hatte, gereichte jedoch meinen Mitbürgern zum Vorteil, indem mein Großvater, der Schultheiß Johann Wolfgang Textor, daher Anlaß nahm, daß ein Geburtshelfer angestellt, und der Hebammenunterricht eingeführt wurde, was denn manchen der Nachgeborenen mag zugute gekommen sein.«

Die Dinge, die geschehen, nicht nur als solche stehenzulassen, sondern in ihnen (1) persönliche Betroffenheiten von Glück und Unglück sowie (2) etwas Nützliches, etwas Not-wendendes für die Mitwelt zu erkennen, – dies ist, wie noch zu zeigen sein wird, ein wesentliches Merkmal des Jungfrau-Typus in der Astrologie.

Ein weiteres Kennzeichen dieses Typs besteht darin, sich mit Sachverhalten auseinanderzusetzen, bevor Schlußfolgerungen gezogen und Urteile gefällt werden. »Ich analysiere« lautet die astrologische Definition dieses Tierkreiszeichens. Selbst ein erklärter Gegner der Astrologie wie die »Jungfrau« Theodor W. Adorno (wegen seiner harschen Kritik an zahlreichen Kulturerscheinungen auch als Theodor »Gnadenlos« Adorno bekannt) verzichtete nicht auf die Freuden und die Mühen einer gewissen astrologischen Sachkenntnis.

Bestandsaufnahme und -analyse voranzustellen, erscheint aus der Sicht der »Jungfrau« einfach *notwendig*. Weder eine pauschale Zustimmung, noch eine ebenso pauschale Ablehnung der Astrologie würde *ihr* zu erklären vermögen, warum viele Millionen Menschen astrologische Erkenntnisse für interessant und nützlich erachten und warum zugleich für viele andere dies nicht der Fall ist. Pauschale Urteile würden auch einer Sachlage nicht gerecht, die ja nicht bloß *die* eine Astrologie, sondern »Astrologie« als einen Sammelbegriff für zahlreiche Traditionen und Varianten aufweist. Und schließlich wird erst durch die konkrete Erfahrung, durch die Beschäftigung mit einem Sachverhalt dessen Bedeutung oder Unbedeutung für die eigene Person faßbar.

Klärung von Voraussetzungen

Vom Ansatz her werden wir im folgenden die Astrologie als eine Symbolsprache betrachten, welche insoweit mit dem Märchen oder der Traumdeutung zu vergleichen ist. Wie in der heutigen astrologischen Literatur weithin üblich, so wird auch hier die Behauptung ausdrücklich zurückgewiesen, daß die Astrologie die tatsächlichen Vorgänge am Himmel wiedergebe. In der Astrologie liegt z. B. der Frühlingsbeginn wie vor mehr als 2000 Jahren auch heute an der Spitze des Zeichens Widder. Tatsächlich steht die Sonne zum Frühjahrsanfang nicht im Widder (doch auch nicht im Wassermann, wie vielfach schon behauptet wird), sondern jetzt und auf absehbare Zeit in den Fischen. – Astrologie und Astronomie geben unterschiedliche Welten an. Beide haben ihre Funktionen. Wie die Nachtträume bestimmte Tagesereignisse (den sogenannten »Tagesrest«) benutzen, um damit eine Traumhandlung zu gestalten, die eine ganz eigene Bedeutung besitzt, so greift auch die Astrologie gewisse astronomische Gegebenheiten auf, um damit – in einer eigenen Begriffs- und Symbolsprache – einen *seelischen* Himmel oder den Horizont des inneren Erlebens darzustellen.

Wie die Märchen von Rittern und Königinnen handeln, so die Astrologie von alten Zeiten mit einem entsprechenden Stand der Gestirne. Und wie im Traum ein

Mensch sich als Hund oder Katze zeigen kann – als ein Tier, welches selbstverständlich auch zu sprechen vermag, so kennt die Astrologie Stiere, Löwen und Fische, Schützen oder eben Jungfrauen, die in ähnlicher Weise ihre Bedeutung und ihre eigene Logik besitzen.

1. Teil: Bestandsaufnahme

Name und Darstellung der Jungfrau als Sternbild gehen auf babylonische Quellen zurück. Im Tierkreis ist die Jungfrau oder *Virgo* das sechste Zeichen. Die Sonne passiert es zwischen dem 23. August und dem 22. September. Es entspricht dem letzten Sommermonat und leitet zur Herbsttagundnachtgleiche hin. Mit der Jungfrau endet die erste Hälfte (die sog. Nachthälfte) des Tierkreises. *Merkur* ist in der Jungfrau erhöht und hat hier sein Haus. Sonne, Venus und Merkur sind seit der hellenistischen Astrologie die zugeordneten Dekane. (Merkur, Saturn und Venus jene in der indischen Astrologie.) Die Jungfrau ist das variable oder schlußfolgernde Erdzeichen. Im Lebenskreis wird ihr zumeist der Abschnitt vom 36.–42. Lebensjahr zugerechnet. Anatomisch gesehen, werden dem Zeichen Jungfrau der Bauch und die Eingeweide zugeordnet. Erkrankungen des Darms und der Verdauung, Stoffwechselstörungen, psychosomatische Beschwerden und vegetative Labilität werden von vielen als »typische« Jungfrau-Themen verstanden. Im allgemeinen wird der Jungfrau auch der Geruchssinn beigeordnet, die Kunst und die Aufgabe, etwas zu *wittern* und den »richtigen Riecher« zu entwickeln.

Merkur, 6. Haus, Element Erde

Merkur, der Götterbote, wird in der römischen sowie der griechischen Mythologie (dort unter dem Namen Hermes) u.a. als flinker Diplomat und Reisender beschrieben. Er trägt Flügel an Kopf und Füßen, zeichnet sich durch rasches Denken und Handeln aus. Der astrologische Merkur, dessen Bedeutungen sich an die Mythengestalt anlehnen, herrscht in den Zwillingen und der Jungfrau. In den Zwillingen betrifft er das Denken, die Kommunikation und last not least die Vernunft, d.h. den (persönlichen) Gebrauch des Denkvermögens. In der Jungfrau betont Merkur den Verstand, welcher der lexikalischen Worterklärung zufolge soviel wie »Begriffsfähigkeit« bedeutet. Beide Merkur-Anteile, Vernunft und Verstand, machen zusammen die menschliche Intelligenz aus. Intelligenz in ihren vielfältigsten Bewußtseinsformen ist Inhalt des astrologischen Merkur, und dieser herrscht nicht nur in der Jungfrau, sondern er ist in diesem Zeichen auch erhöht, d.h. hier findet er seine optimale Wirksamkeit.

Im Horoskop gehört zur Jungfrau das sechste Haus. Wir zitieren dazu (nach der Zusammenstellung von Udo Becker) drei typische Charakterisierungen dieses Horoskopabschnittes, welcher in der klassischen lateinischen Bezeichnung »Fortuna mala« (das schlechte Geschick oder das mißgünstige Schicksal) lautet. Im Lehrbuch der »Astrologie« von J.W. Pfaff aus dem Jahre 1816 heißt es: »Das sechste Haus, das böse Glück, bedeutet Krankheit, und Schwäche, und die mit unserm Dienst beauftragten Knechte, Mägde, Diener. Bildlich die Tiere, geringerer Art, welche dem Menschen dienen.« – Sodann im Lehrbuch der Astrologie

Astrologische Definitionen
der Tierkreiszeichen

Widder:	Ich bin.
Stier:	Ich habe.
Zwillinge:	Ich denke.
Krebs:	Ich fühle.
Löwe:	Ich will.
Jungfrau:	*Ich analysiere.*
Waage:	Ich gleiche aus.
Skorpion:	Ich begehre.
Schütze:	Ich sehe.
Steinbock:	Ich nutze.
Wassermann:	Ich weiß.
Fische:	Ich glaube.

von D. v. Heymann (1979): »Sechstes Haus: Arbeit, Beschäftigung, Krankheit, Dienstboten und Untergebene.« – Sowie in der Definition von Bruno und Louise Huber (1982): »Sechstes Haus: Existenzkampf, Leistungsbereitschaft, Arbeitsprobleme, psychosomatische Prozesse. Soziales Engagement, Wiedergutmachung, Dienen.«

Die vier Elemente

Feuer

bedeutet Lebensfeuer, Lebensenergie, Begeisterung und Lebendigkeit. In der Natur sind es vor allem die Sonne, Feuer aller Art und Blitze, die in ihren verschiedenen Erscheinungs- und Wirkungsformen die Kraft des Elements Feuer zur Geltung bringen. Im menschlichen Verhalten verleihen besonders die *Daseinsfreude*, der *Wille* und die *Intuition* der Feuerkraft Ausdruck.

Weitere Merkmale des Elements Feuer: Lebenslust und Selbstbehauptung, Zeugungs-, Schaffens- und Gestaltungskraft, Einsatzbereitschaft und Macht, Durchsetzungsvermögen. Charakteristisch für das Element Feuer sind Entschlüsse und Taten. Schwierige Situationen (»Feuerproben«) werden gemeistert, indem man etwas tut: »*Es muß etwas geschehen.*«

Zum Element Feuer gehören die Tierkreiszeichen Widder, Löwe und Schütze.

Wasser

bedeutet Lebenselixier, Lebensfülle, Seele und Seligkeiten. In der Natur bringen der Mond sowie Gewässer jeder Art die Kraft des Elements Wasser zum Ausdruck. Im menschlichen Verhalten sind es vor allem das *Gefühlsleben* und die *persönlichen Bedürfnisse* und *Leidenschaften*.

Weitere Merkmale des Elements Wasser sind Mitgefühl, Eingebung, Träume, Stimmungen und das Unbewußte. Charakteristisch für das Element Wasser sind Offenheit und Hingabe. Schwierige Situationen (»sich freischwimmen müssen«) werden gemeistert, indem man die Gefühle prüft: »*Auf die richtige Einstellung kommt es an.*«

Zum Element Wasser gehören die Tierkreiszeichen Krebs, Skorpion und Fische.

Luft

bedeutet menschliche Atmosphäre, Lebensgeister, geistige Energie und Gedankenwelt. In der Natur sind es der Luftraum und die Erdatmosphäre und im übrigen die Sterne (die durch die irdischen Luftschichten erst für uns funkeln), die die Kraft des Elements Luft in seinen verschiedenen Formen zur Geltung bringen. Im menschlichen Verhalten sind es besonders *Denken*, *Wissen* und *Vorstellungskraft*, Bewußtheit und Intelligenz, die dem Element Luft entsprechen.

Weitere Merkmale des Elements Luft: Geistesgegenwart und Gedankenkraft, Begriffe, Werte, Beurteilungen, ästhetische Maßstäbe und Mitteilungskünste. Charakteristisch für das Element Luft: Erkenntnisse und Entscheidungen. Schwierige Situationen (»harte Nüsse«) werden gemeistert, indem man die erforderlichen Lernprozesse bewältigt: *»Jetzt ist es klar.«*

Zum Element Luft gehören die Tierkreiszeichen Waage, Wassermann und Zwillinge.

Erde

bedeutet Materie, Stoff, körperliches Leben und Lebenszyklen, insgesamt die materiellen Lebensverhältnisse. In der Natur ist selbstredend die Erde, auf der und von der wir alle leben, Inbegriff der Erdkräfte. Gemeint ist dabei sowohl die Erdkugel als Ganzes wie auch die Erde im Sinne von »Muttererde«, Sand, Stein usw. Im menschlichen Verhalten drücken sich die Kräfte des Elements Erde vor allem in *körperlichen Empfindungen* und *Wahrnehmungen* aus.

Weitere Merkmale des Elements Erde: *Praktische Fähigkeiten, angewandte Talente, genutzte Chancen*. Lebensunterhalt, Lebenserhaltung, Betroffenheit, Fruchtbarkeit, Wachstumskräfte und Natürlichkeit. Charakteristisch für das Element Erde sind Produkte – Ergebnisse, Fakten und Definitionen. Schwierige Situationen (»Belastungstests«) werden gemeistert, indem man für etwas eine feste Form schafft: *»So kann es bleiben; so ist es nun einmal.«*

Zum Element Erde gehören die Tierkreiszeichen Stier, Jungfrau und Steinbock.

Drei »Wirkungsgrade« der Erde

Innerhalb der Erde wie eines jeden Elements unterscheidet die Astrologie drei Ausprägungen:

- *Ein beginnendes oder kardinales Zeichen*
  Bei diesem geht es um die Beweggründe und die ursächlichen Widersprüche des betreffenden Elements. Hier werden Grundsätze und Leitmotive ausgebildet. –
  Für das Element Erde ist dies das Zeichen Steinbock.

- *Ein mittleres oder festes, festigendes Zeichen*
  Das sogenannte «fixe» Zeichen betrifft die Mitte, die Verbindungslinien, die Zusammenhänge des betreffenden Elements. Hier werden Muster und Komplexe ausgebildet. –
  Dieses Zeichen ist im Bereich der Erde der Stier.

- *Ein schließendes, veränderliches und schlußfolgerndes Zeichen*
  Hierbei geht es um die Konsequenzen, die Extreme und die Zuspitzungen des betreffenden Elements. Stärken und Schwächen des Elements sind deutlich zu unterscheiden, gehen jedoch auch am ehesten einen vorschnellen Kompromiß ein. Hier werden Horizonte und Erfahrungswerte ausgebildet. –
  Die Jungfrau ist das variable Erdzeichen.

Die verpönte Jungfrau

Eine Tendenz des Unerfreulichen und Unerwünschten zieht sich in der Beschreibung des Tierkreiszeichen Jungfrau bis heute durch einen großen Teil der astrologischen Literatur. Stellvertretend für viele andere sei Christiane von Wiese zitiert, eine Autorin, welche prägnant und kritisch aus dieser Sicht das Wesentliche benennt. Nur durch »betriebsame, fleißige Arbeit« könne die Jungfrau Selbstvertrauen und Ich-Stärke erwerben: »Vitale Wünsche werden nicht zugelassen; dieser Mensch hat eine dienende und verzichtende Haltung. (…) Der planende Verstand sucht alles an seinen Platz zu rücken, in die verwirrende, ja beunruhigende Fülle des Lebens systematisch und methodisch Ordnung zu bringen, die Dinge nüchtern-realistisch ab- und einzuschätzen.« – »Beobachtung und Erfahrung sind die Werte, auf die sich dieser mit dem Stofflichen, Gegenständlichen und Tatsächlichen befaßte Mensch verläßt. (…) Bei seiner Spezialbegabung für das Einordnen von Einzelheiten kann er jedoch leicht den Blick für das große Ganze verlieren. Allzu stark haftet die ängstlich-besorgte Natur an Einzelteilen, spannt sich zu kleinlich in das von ihr selbst entworfene Arbeitsschema ein und kann darüber Schwung, Freude und Unmittelbarkeit verlieren.« Weiter schreibt C. v. Wiese: »Er legt sich ständig Rechenschaft ab, mißt ausschließlich mit dem Lineal des Verstandes (…) und tut sich in unvorbereiteten Situationen schwer mit raschen Entschlüssen. Er hat bestimmte, festgelegte Vorstellungen, wie die Dinge zu sein und zu laufen haben, sucht nach Normen, Garantien, Prinzipien und Rezepten, mit deren Hilfe er ›der Sache‹ möglichst perfekt und gleichmäßig gerecht werden kann. Innerhalb dieses selbstgesteckten Rahmens, bei dem er bescheiden und anspruchslos im Feld der Arbeit und des Dienstes an einer Sache den ihm zugewiesenen Platz einnimmt, kann er seine spezifische Fähigkeit (...) am besten entfalten.«

Nach diesen Charakterisierungen wundert es nicht, wenn dem Jungfrau-Typus wegen seines »Hang zum Rationalismus« einige Schwierigkeiten im seelischen und zwischenmenschlichen Bereich vorausgesagt werden. Immerhin soll als Trost gelten, wenn C. v. Wiese notiert: »Als rechte Hand eines jupiter-haft expandierenden und entwerfenden ›Chefs‹ oder als ›zweiter Mann‹ kann er Hervorragendes leisten und sich unentbehrlich machen.«

Wenn schon diese bisherige Aufzählung nicht sonderlich ermutigend wirken muß, so ist die sich anschließende Warnung vor besonderen Gefahren und Schwächen dieses Tierkreiszeichens dazu angetan, nur noch den einen Wunsch zu besitzen, im nächsten Leben nicht mehr als Jungfrau geboren zu werden. Christiane von Wiese schreibt: »Der negative Jungfrau-Typus ist der Mensch, der alles in schwarz und weiß, richtig und falsch einteilt, ohne Rücksicht darauf, ob dieses Schema paßt; den die Angst vor Fremdem, Irrationalem, Unordentlichem die Flucht in die Absicherung um jeden Preis eintreten läßt und der darüber zum intoleranten, kleinlichen Pedanten und Nörgler wird, dem alles groß Angelegte suspekt ist und der seine eigene Enge, Zwanghaftigkeit und Skrupelhaftigkeit den anderen zum Vorwurf macht. Hier finden wir den Sparsamen aus Prinzip, (...) den ressentimentgeladenen Besserwisser, der über Kleinigkeiten den Sinn für Proportionen verloren hat, den Hypochonder, dem die

Beobachtung seines Kräftehaushalts zum Lebensinhalt geworden ist, den Diät- und Hygienefanatiker, der überall Bazillen sieht, den selbstgerechten, schulmeisterlichen Moralisten, der sich und den anderen das Leben durch den mahnend vorgehaltenen Zeigefinger sauer macht und seine Intelligenz dazu mißbraucht, seelische Wunden und charakterliche Schwächen der Mitmenschen aufzudecken, statt sie taktvoll zu übersehen.«

Die bewunderte Jungfrau

Zum Glück für die Jungfrau in uns allen (und auch zum Vorteil für die Astrologie, denn was wäre sie, wenn einzelne Tierkreiszeichen immer nur kritisiert würden?) gibt es jedoch Gegentendenzen in der (neueren) Astrologie, welche die Stärken und Leistungen des Jungfrau-Typus betonen. Kein Geringerer als Wolfgang Döbereiner hat sich in dieser Hinsicht so weit vorgewagt, daß in seinen Darstellungen ein Idealbild aufleuchtet, das uns dieses Tierkreiszeichen schlichtweg als genial vorstellt. Pedanterie, Kleinkariertes und Schematismus sind hier kein Thema. Hier schaut die Jungfrau auf Wesentliches: »Nicht die äußere Ordnung ist ihr Ziel, sondern die Ordnung der Inhalte, der Charakteristika.«

Nach W. Döbereiner ist die Jungfrau eine Lebenskünstlerin: »Ihre Aufgabe im Tierkreis ist es, Emotionen, den Lebenswillen und den Lebens- wie Erlebnisdrang mit allen seinen Wünschen seelisch gegen die Umwelt und die Existenzbedingungen auszusteuern, um anzugleichen oder auch anzupassen. Ihr obliegt die

Aufgabe, die Lebensfähigkeit zu erhalten, die feinnervige Balance zwischen Eigenwillen und den gegebenen Bedingungen und Möglichkeiten herzustellen; das Wollen dem Können anzugleichen.«

In dieser Sichtweise versteht sich die Jungfrau nicht nur auf die Lebenskunst; besonders auch in der *Kunst des Überlebens* bewährt sich – so W. Döbereiner – dieses Tierkreiszeichen: »Die Beobachtung der Umwelt, das Aufspüren und Aufsammeln ihrer Wertigkeiten ist die erste Voraussetzung für das Sicherheitsgefühl. Eine Jungfrau zu überraschen, ist deshalb so gut wie unmöglich, denn sie ist auf alles eingestellt, sie rechnet mit allem, besonders mit den Gefährdungen des Lebens. (...) Ein Mensch, der in den Urwald oder in irgendein unzivilisiertes Gebiet verschlagen wird, braucht alle die Eigenschaften, die eine Jungfrau von Natur aus besitzt. (...) Obwohl sie wohl selbst am wenigsten in die Situation kommen (wird), sich im wirklichen Dschungel zu verirren.«

Weil sie die Überlebenstechniken in besonderer Weise beherrscht, stellt sich, dieser Sichtweise zufolge, die Jungfrau der Angst vor dem Unerklärlichen und setzt sich mit den Bedrohungen aus dem Unberechenbaren auseinander, weniger aus Mut oder Kühnheit, vielmehr aus einer so empfundenen Notwendigkeit heraus. »Jede unausgeleuchtete Ecke des Lebens kann ein Gefahrenherd sein. Deshalb drängt die Jungfrau auf bewußte Erfassung des Lebens.« – »Sie will ausleuchten, erhellen, überschaubar machen.« – Gefährdungen und Schwächungen sieht Döbereiner allerdings auch auf die Jungfrau zukommen: »Der Drang, Unsicherheitskoeffizienten aus dem Leben zu beseitigen und Unberechenbares berechenbar zu machen, stärkt im

Denken das Grüblerische bis hin zum Mystizismus. Und weil es immer wieder Unberechenbares gibt, das nicht auszumachen ist, kann es bisweilen zu einem tiefsitzenden Vertrauensschwund gegen das Schicksal und die Umwelt kommen. Die oft mißverstandenen Originale und Eigenbrötler sind vielfach Jungfrau-Geborene.«

Diese Warnung bleibt bestehen. Doch in der Gesamtcharakteristik hebt W. Döbereiner überaus bewundernswerte Eigenschaften der Jungfrau hervor: »Dementsprechend ist sie auch mit der besonderen Fähigkeit ausgerüstet, Wirklichkeiten aufzuspüren, Eigenarten und Inhalte zu artikulieren, in Lebensnähe zu bringen, zu erden. Diese Befähigung ist im Verhalten der Jungfrau so übermächtig, daß es sie ständig nach Aufgaben drängt, (...) um im Element ihrer Anlagen leben und damit das volle Lebensgefühl spüren zu können. Sie muß immer wieder Aufgaben, Potenzen, Eigenarten suchen, Ströme durch sich hindurchlassen, um in die Aussteuerungsbalance zu kommen. Sie wird sich bewußt und erhält sich im Gleichgewicht, in dem sie andere oder die Umwelt artikuliert. So ist es nicht zufällig, daß sich im Zeichen Jungfrau im weitesten Sinne überdurchschnittlich viele Diagnostiker finden. Es sind dies im besonderen Ärzte, Psychoanalytiker, Meinungsforscher, Tester und nicht zuletzt Schriftsteller.«

Die Jungfrau erscheint hier insgesamt als ausgezeichnete Kennerin und Könnerin auf ihrem jeweiligen Gebiet. Sie profiliert sich durch Ausdrucks- und Darstellungsqualitäten, vermag neue Lebenswirklichkeiten auszubreiten und, indem sie die vielfältigsten Energien als praktische Aufgaben annimmt und wie

Ströme bewältigt, durch sich hindurchläßt, verwirklicht sie eine Fülle des Lebens, »das volle Lebensgefühl«! Wirklich beneidenswert. Wer möchte da nicht »Jungfrau« sein?!

Die sorgfältige Jungfrau

Zwischen den beiden Grundlinien von Pedanterie und Lebensklugheit, von Borniertheit und besonderer Erleuchtung liegt ein breites Feld astrologischer Auffassungen, in welchen sich jene Grundauffassungen in mancherlei Entsprechungen wiederfinden und worin zusätzliche Verhaltensmerkmale der Jungfrau in reicher Vielfalt wachsen und gedeihen. Garten und Weinberg, der bestellte Acker sind im übrigen auch die am häufigsten genannten symbolischen Orte des Tierkreiszeichens, seltener Moor und Heide.

Die meistgenannten praktischen Tätigkeiten der Jungfrau umfassen alle dienstleistenden Berufe, Verwaltung, Handwerk, soziale und Pflegeberufe und – last not least – die Haushaltsführung. Einig sind sich die meisten Darstellungen darin, daß die Arbeit einen größeren Stellenwert im Leben einer Jungfrau einnimmt als bei vielen anderen Zeichen, daß dieses Tierkreiszeichen die Perfektion liebt, »Markenartikel« bevorzugt und, solange es um die als notwendig erachteten Aufgaben geht, keine Sorgfalt zu groß und die beste Ausstattung, das effektivste Werkzeug gerade gut genug ist. Obwohl die Jungfrau einerseits schludderige Arbeiten nicht ausstehen kann, kann es ihr geschehen, auch darin sind sich die meisten Beschreibungen einig, daß sie mit einem »Mikroskopblick« durch ihr Leben geht, Einzelheiten überdeutlich wahrnimmt, während sie den Wald vor lauter Bäumen nicht mehr erkennt, so daß die Perfektion in einer Sache mit großer Ungenauigkeit in einer anderen Sache einhergeht. Ihre sprichwörtliche Bescheidenheit kann sich durchaus mit Maßlosigkeit in anderen Punkten vertragen.

Viele Autor(inn)en warnen vor den schon genannten gesundheitlichen Anfechtungen (Verdauung, Stoffwechsel, Psychosomatisches), und manche ergänzen noch die Invalidität unter die typischen Jungfrau-Gefahren. Nur wenige, die zum Thema veröffentlicht haben, heben im Gegenzug auch die Stärken des Tierkreiszeichens in gesundheitlichen Belangen hervor. So etwa Sakoian / Acker, welche resümieren: »Trotz allem verfügt dieses Zeichen über eine großartige körperliche Widerstandsfähigkeit gegen Krankheit, sobald der Geist diszipliniert ist«. H. Meyer betont die Fähigkeit zur (inneren oder äußeren) *Reinigung*, jedoch mehr als Aufgabe denn als Talent. Es sind vor allem Autor(inn)en aus feministischer Richtung und / oder solche, die sich zu einer neuen »Religion der Erde« verstehen, welche dem Tierkreiszeichen Jungfrau besondere Heilkräfte und das Vermögen, für Gesundheit und Wohlbefinden zu sorgen, zu sprechen. So zum Beispiel die Autorinnen Phoenix und B. Messmer (zitiert auf S. 39 f.) oder Luisa Francia, die erklärt: »Die Kraft der Jungfrau ist die Kraft der Göttin, die die Erde schützt und segnet.«

Weitgehende Übereinstimmung herrscht nur in dem Punkt, daß die Themen Krankheit bzw. Gesundheit von der Jungfrau regiert werden oder jedenfalls von entscheidender Bedeutung für sie sind und daß sich auch die angesprochene Arbeitsmentalität dieses Zeichens vornehmlich als eine Art Selbst-Schutz auf die Abwehr von Krankheiten bzw. die Pflege der Gesundheit bezieht. Die Arbeit der Jungfrau diene dem Selbsterhalt, während z. B. der Steinbock auch die Berufung und der Stier *neue* Produkte und einen Zugewinn erzielen wolle.

Obschon im Zusammenhang mit Arbeit, Ernährung, Kleidung und konkreter Erdverbundenheit die sinnlichen Qualitäten der Jungfrau einen großen Stellenwert einnehmen, so halten sich doch die meisten Darstellungen beim Liebesleben deutlich zurück. »Vielen Jungfraugeborenen sind Liebesabenteuer gleichgültig«, notieren Sakoian/Acker. Hermann Meyer betont die Fähigkeit und die Aufgabe der Jungfrau, Gefühle zu zeigen; mehr jedoch nicht. Jungfrau-Männer, so hat W. Döbereiner herausgefunden, sind periodisch, meist zum Vollmond, durchaus launisch und grantig. Döbereiner ergänzt: »Probleme mit weiblichen Jungfrauen ergeben sich zumeist dann, wenn sie sich seelisch im Stich gelassen fühlen. Sie werden dann zu dem, was man einen seelischen Klammeraffen nennen könnte. Sie beengen ihre Partner und vergrößern damit die akute Lage.« Sodann folgt wenigstens beim gleichen Autor ein Satz zur Entspannung der Lage: »Daß Jungfrauen prüde sein sollen, konnte übrigens noch nirgends bestätigt werden.«

Liebesdinge und Geschlechtlichkeit bleiben in astrologischen Jungfrau-Beschreibungen im übrigen weitgehend ein Unthema, während – dies sei für die anschließende Auswertung der Bestandsaufnahme vorgemerkt – sowohl Körperlichkeit wie auch Verstandeskraft viel diskutierte, ja zentrale Jungfraumotive sind.

Übertragbar auf das Verhalten in Beziehungen und in der Sexualität sind unter Umständen die häufigen Hinweise in der Literatur auf Gouvernantentum und Schulmeisterei auf der einen Seite sowie Unterordnung bis zur Unterwerfung und bis zur persönlichen, substantiellen Abhängigkeit andererseits (vgl. z.B. Chiron und H. Meyer). Selbstliebe, Selbstquälerei; Abwehr oder auch Vergottung von Fremdem sind hier ebenfalls zu erwähnen, wie auch jene gewisse Bindung an »Onkel und Tanten«, von welcher verschiedene Autoren und Autorinnen zu berichten wissen.

Nicht zu übersehen ist freilich, daß bei alledem der Jungfrau gleichwohl eine enorme Gelassenheit, Gediegenheit, Ruhe und Ausgewogenheit häufig (und oft ganz unvermittelt) bescheinigt wird. Die Jungfrau kann sich regelrecht gesundlachen und dauerhafte Entsorgungen und Entschlackungen bewerkstelligen.

Die alltägliche Jungfrau

Was für eine typische Jungfrau etwas zählen und taugen soll, das muß sich im Alltag bewähren. Der Alltag ist ihr entscheidender Dreh- und Angelpunkt. Die astrologische Literatur benennt diesen Umstand entweder ausdrücklich (wie z.B. bei W. Döbereiner) oder indirekt, indem die Hingabe an das *Normale*, an die *konkrete Praxis*, an die *Details* der Ereignisse, an das Unauffällig-Unspektakuläre sowie an das *Selbstverständliche* (weil *Notwendige*) als charakteristisch angesehen wird. Viele Entsprechungen eines »grauen Alltags« fallen dabei dem Typus Jungfrau zu – von Monotonie bis Mauerblümchen, von der »Politik der kleinen Schritte« bis zur Gedankenlosigkeit. Auf der anderen Seite bestehen anerkannte Stärken der Jungfrau sowohl in der erfolgreichen Alltagsbewältigung und mehr noch in der Perfektion, mit welcher gerade sie alltägliche Gegebenheiten in etwas Besonderes zu verwandeln vermag.

Allerdings verwenden nahezu alle astrologischen Darstellungen erheblich mehr Raum für die alltäglichen Ängste, Sorgen und Kümmernisse (welche die Jungfrau abzuarbeiten hat) als für die alltäglichen Lösungen, Erfolge und Ergebnisse (welche die Jungfrau auf ihre Weise erreicht). Die in der Literatur so häufig erwähnte Vorliebe der Jungfrau für Markenartikel, für gesundes Essen, Bequemlichkeit und gute Kleidung usw. ist ein zaghafter, meist bruchstückhafter Hinweis auf die positiven Verwandlungen der Lebensqualität, zu welchen das Tierkreiszeichen wie sonst wenig andere in der Lage ist. Daran ändert auch die allfällige Bemerkung, die Jungfrau bewundere den materiellen Fortschritt, wenig; denn materieller Fortschritt ist per se noch keine verbesserte Lebensqualität.

Besser als in den sogenannten astrologischen »Rezeptbüchern« wird die positive Alltagsbewältigung und -verwandlung als Talent der Jungfrau in einigen Geschichten deutlich, welche sich der Jungfrau-Symbolik widmen (u. a. G. Ruck-Pauquèt, Th. Dethlefsen, J. Fiebig). So auch in der folgenden Darstellung von Phoenix und Bärbel Messmer, worin die heilende und sorgsame Kraft der Jungfrau einschließlich ihrer Unsicherheit vor dem Anderen und ihrer Suche nach einem »anderen Alltag« angesprochen werden:

»als ich die JUNGFRAU sehe, frage ich mich, wie sie den riesensprung von löwes großen träumen zu ihrer illusionslosen klarheit geschafft hat. ich treffe sie an bei der arbeit im garten eines hauses. da hockt sie, in der ordnung der beete, der weisheit, die in der anordnung der verschiedenen pflanzen nebeneinander liegt. erde ist ihr element in dem sinne, daß sie sie bearbeitet. sie nutzt sie, ohne sie auszunutzen. in dem griff ihrer erd-braunen hände, in dem ruhigen, gleichmäßigen handeln ihres körpers liegt eine verhaltene kraft, ein bestimmtes maß von stille und bewegung, von festigkeit und nachgiebigkeit, von vor-sicht und nach-sicht... ein einklang mit ihrer umgebung, die sie zu erfassen sucht. als erdzeichen findet sie sich wieder in der konkretheit ihrer umgebung.

sie schaut auf und lächelt mich an. ob ich mit ihr einen tee trinken wolle. ja, denn ich bin müde und kaputt. wir gehen ins haus, das auf den ersten blick recht ordentlich erscheint. ordnung als antwort auf ihr eigenes chaos wohl auch. sie ist der versuch, sich klar zu werden über das, was in ihr gereift ist von widder bis löwe, in dieser erschaffung eines ICH. ganz offensichtlich hat sie schlüsse gezogen, aber ihr wissen davon ist durchwoben mit unsicherheit, die den beginn von etwas anderem begleitet. was weiß sie? zunächst sagt sie nichts, sie schaut mich prüfend an und fragt, ob sie mir den kopf massieren solle. ich überlasse mich der wärme ihrer hände, die die heilende kraft der erde besitzen. langsam bin ich wirklich erstaunt. diese frau versucht etwas zu *tun,* ihrem leben sinn zu geben. ich frage mich, woher trotzdem diese melancholie kommt, die wie ein schleier über ihrer freundlichkeit liegt. sie schenkt mir tee ein und setzt sich mir gegenüber. über den tisch hinweg schaut sie mich an, die ich für sie eine fremde bin und die sie trotzdem begrüßt hat, der gegenüber sie sogar hilfreich ist. ihr blick – ist der schritt über eine grenze, an der sie steht. etwas ist in jungfrau beendet – von nun an wird es nicht mehr genügen, sich um all die formen eines ICH zu bemühen. alles, was nun kommt, wird auch die suche nach den anderen sein. die jungfrau trauert um das ende einer geschichte, die fraglos und eindeutig war. sie ist deren ende und gleichzeitig der hinweis, daß es anders weitergehen wird.»

2. Teil: Analyse / Auswertung

Von den weitreichenden Symbolbedeutungen der »Jungfrau« ist in der astrologischen Literatur insgesamt nur ein schmaler Ausschnitt wiederzufinden. Anders als in vielen Zusammenhängen des kulturellen Lebens ist die »Jungfrau« in der Astrologie kein sonderliches Reizthema. Unschuld, Heilung und Heiligung sowie die verführerischen, teilweise abgründigen Züge der Jungfrau werden hier höchstens am Rande angesprochen. Die wilden, zornigen und jenseitsbezogenen Eigenschaften, welche die Mythen von Kore / Demeter bis zur Jeanne d'Arc usw. der Jungfrau zuschreiben, fehlen so gut wie ganz.

Schwerpunktthemen

Überwiegende Themen der astrologischen Literatur sind die
- Betriebsamkeit
- Dienstbarkeit
- detaillierte Beobachtung
- körperliche Betroffenheit

des Jungfrau-Typus. Immerhin liegt damit – neben dem astrologischen Handwerkszeug (Zuordnung zur Element Erde, 6. Haus usw.) – ein »Vorrat an Gemeinsamkeiten« bei der Beschreibung des Jungfrau-Typs vor. Bei der Interpretation und Bewertung dieser Merkmale existieren freilich zahlreiche Widersprüche und manche Einseitigkeiten.

Betriebsamkeit

Wie heißt es so schön – »wer faul ist, ist auch schlau«?! Betriebsamkeit als solche kann recht verschiedenartige Bedeutungen vertreten. Sie ist als nützlich und angenehm zu bewerten, wenn sie die »notwendigen« Dinge des Lebens in Gang hält. Aber was ist notwendig? »Vieles war nicht nötig/und gerade das wäre das Nötigste gewesen« (Edith Vahrenhorst). Wenn Betriebsamkeit zum Ersatz für Selbst-Bewußtsein und Selbst-Analyse wird, steht sie z. B. auch für eine zu geringe Fähigkeit, die Dinge des Lebens selbsttätig zu organisieren, unter Umständen für eine Angst, diese Dinge selbst in die Hand zu nehmen. – Mangelnde Selbstachtung, die durch Betriebsamkeit »ausgeglichen« wird, mag auf der anderen Seite zu jener übertriebenen Besorgnis um die eigene Person führen, von welcher die Literatur berichtet; zuwenig Organisationskraft zu Pedanterie; usw. –

Allerdings ergeben sich aus der Bestandsaufnahme auch Ungereimtheiten: Während sie die Betriebsamkeit betont, nennt die Literatur – im gleichen Atemzuge, nur scheinbar in anderen Zusammenhängen – etliche Punkte im Jungfrau-Verhalten, wo »*nichts mehr geht*« oder läuft. Im körperlichen Bereich werden Stoffwechsel- und Verdauungsstörungen, besonders die »Verstopfung«, häufig zitiert. Wenn die Jungfrau auf Unerwartetes oder Unberechenbares trifft, kann sie mit Hektik – oder aber »*wie gelähmt*« reagieren; usw. So verstanden, ist »Betriebsamkeit« als Begriff des Jungfrau-Verhaltens zu einseitig. Ihr Verhalten weist immer Bewegung *und* Ruhe auf. Die Frage ist nur, ob sie sich selbst (und anderen) Ruhe und Zufriedenheit schenken kann – oder ob sie Verstopfung, Rheuma oder anderes »braucht«, um wenigstens einen Teil von sich ruhig zu stellen.

Die positive Lösung ist ein *tätiges Leben*, welches sich in jedem Moment selber spürt und seiner Bedeutung bewußt wird. Das ist ein zugleich intensives und gelassenes Leben – und dazu, nicht allein zur Betriebsamkeit, ist die Jungfrau in uns allen prädestiniert.

Dienstbarkeit

Die Zuschreibung von »untergeordneten« und »Dienstboten«-Tätigkeiten zum Tierkreiszeichen Jungfrau hat eine lange Tradition in der Astrologie. Im Sinne der sozialen Hierarchie sind diese Beschäftigungen zumeist als minderwertig und schwach verstanden worden (obwohl der Götterbote Hermes als dienstbarer Geist kein *Underdog*, sondern ein Gott des Olymps war).

Die »subalternen« Tätigkeiten bedeuten allerdings auch eine Art einfachen Selbstschutzes. Äußerlich einem Kommando oder einer Dienstanweisung unterstellt, bieten sie nicht selten einen inneren Freiraum, in welchem man innerlich bei sich bleiben kann, scheinbar sogar mehr als bei eigenverantwortlichen Arbeiten, welche die Aufmerksamkeit des *ganzen Menschen* erfordern. Arbeiterinnen und Arbeiter am *Fließband* haben in Befragungen z. B. immer wieder geäußert, daß sie ihrem Schaffen durchaus angenehme Seiten abgewännen: Sie könnten dabei gut »abschalten« und »träumen«.

Tatsächlich haben bis heute »Vorgesetzte« im Bemühen, einen Betrieb zu steuern und im Griff zu halten, Zeit und Raum für sich selbst vielfach eingebüßt; sie wurden nicht weniger zum Anhängsel eines »Apparats« als ihre Mitarbeiter, höherbezahlt zwar als diese, aber zum Teil weniger in der Lage, etwas für oder mit sich selbst anzufangen. So gesehen, ist auch eine solche »vorgesetzte« Tätigkeit eine sich unterordnende und Jungfrau-typisch.

Es gibt also gute Gründe, aus wohlverstandenem *Eigeninteresse* einen »Dienst« anzutreten. (Daneben natürlich auch weniger gute Gründe, bei denen die Dienstbarkeit eine Täuschung vor weitreichenden Machtansprüchen, vor Neid oder vor heimlicher Wühltätigkeit darstellt; usw.)

Sich einer Aufgabe, einem Sachverhalt zu widmen, ja hinzugeben, bis diese verstanden und gelöst sind, bedeutet aber nicht nur eine Mühe, sondern auch eine Lust und – für die Jungfrau – eine schlichte Notwendigkeit. Was Wille und Intuition, Gefühle und Gedanken für den oder die Einzelne/n wirklich bedeuten, erweist sich nur, wenn diese auch etwas *bewirken* können. Indem wir bestimmte »Sachen« erschließen, erfahren wir mehr von der Welt – und mehr über unsere eigene Fähigkeit, Gefühle, Gedanken usw. tatsächlich etwas bewirken, etwas ausrichten zu lassen (indem sie nunmehr *mit* dem Stand der Dinge arbeiten können und nicht mehr ohne oder gegen ihn). Dies aber führt zu einer Bestätigung und Selbst-Erfahrung, welche eben nur im persönlichen Begreifen von Sachverhalten möglich wird. Keine Intuition, keine Erfahrung im zwischenmenschlichen Bereich oder in bloßer Selbstbeobachtung könnte diese enorme Aufgabe der »Sachfragen« übernehmen.

Dieser »Dienst an der Sache« lebt vom Respekt vor und der Liebe zum Gegenstand der Analyse. Er besitzt etwas Meditatives, Andächtiges und gleichwohl Kraftvoll-Energisches. Je mehr es gelingt, diese zugleich liebevolle *und* kritische Art der Auseinandersetzung auch auf seine Mitmenschen und auf sich selbst anzuwenden, um so mehr wird die Gefahr einer menschlichen Unter- oder Überordnung ausgeschlossen.

Detaillierte Beobachtung

Erst in neuerer Zeit hat sich die Erkenntnis herausgebildet, daß alle »Sachen« auch »Leben« in sich bergen; bei jeder Materie z. B. die Bewegung der Atome, bei jedem Sachverhalt z. B. dessen innere Widersprüche. Aber erst in diesem Jahrhundert hat sich gezeigt, wie vielfältig jeder Sachzusammenhang zu betrachten ist, wie *relativ* er ist, d. h. rückbezogen auf die Person der Beobachterin oder des Beobachters. – Gerade das Alltägliche, das Normale hat »es« in sich. Wie wir mit diesen unscheinbaren Gegebenheiten umgehen, entscheidet darüber, ob wir die Jungfrau-Talente in Kleinlichkeit begraben oder in Gründlichkeit nähren und ernten können.

Es ist deshalb kein Zufall, wenn ein großer Teil der aktuellen Selbsterfahrungsansätze das Alltägliche, das scheinbar Banale zum Ausgangspunkt nimmt. Kritiker der Selbsterfahrungsszene üben ihren Spott daran: »Kaum eine Lebensäußerung ist dabei alltäglich, gewöhnlich und marginal genug, um dem quasi-therapeutischen Zugriff zu entgehen. Früher hat man vielleicht bisweilen gemalt, getanzt, Musik gemacht oder gekocht, heute macht man eine Mal/Tanz/Musik- oder Kochtherapie... (Eine) gnadenlose Okkupation des Banalen..., folglich findet der Interessierte Seelenworkshops fürs Luftholen (Bewußt atmen), fürs Gukken (Frei blicken) und, als Krönung, fürs aufrechte Gehen und Stehen (Wie widerstehe ich der Schwerkraft?)«, soweit die Kommentatorin einer Alternativzeitschrift. Noch der Spott drückt jedoch die Sehnsucht nach einem anderen Alltag aus: »Früher hat man...« ja, früher schien manches selbstverständlicher. Und der Wunsch, daß es »wieder« einfach und selbstverständlich sein möge, ist berechtigt, und mehr noch: Dieser Wunsch ist der Motor dafür, daß man nicht das ganze und auch nicht das halbe Leben in Therapien oder nur auf der Suche verbringt. Solange das alte Selbstverständnis nicht mehr trägt und ein neues noch nicht vorhanden ist, das ja nur daraus entsteht, daß man sich in der Welt selbst versteht, solange aber ist eine Übergangssituation gegeben, in der gerade das Alltägliche neu eingeübt wird. Im Unscheinbaren steckt auch das Un-Scheinbare, das Wesentliche, das, was im Leben zählt. Man muß es aufheben wie das sprichwörtliche Gold auf der Straße. Auch dieses sieht erst aus wie Straßendreck oder wie einfache Münze. Das Un-Scheinbare stellt uns der eigenen Bedeutung gegenüber: Wir erkennen die wirkliche, d.h. wirksame Bedeutung einer Angelegenheit für die eigene Person – und die Bedeutung der eigenen Person in der Welt im Angesicht der eigenen Betroffenheit.

Körperliche Betroffenheit

Der Verstand, jene merkur-hafte Schalt- und Schnittstelle des Jungfrau-Verhaltens, bedeutet »Begriffsfähigkeit«. Er entscheidet darüber, welche praktische Bedeutung wir den Ereignissen und den Erscheinungen des Lebens zumessen. Vielfach wird »Verstand« mit »Vernunft« gleichgesetzt, doch dies ist unzutreffend. Vernunft meint den Gebrauch des Denkvermögens. Sie ist ein geistiger Akt (Element Luft). Der Verstand aber legt den Gedanken eine Bedeutung bei, verarbeitet Eindrücke und Erfahrungen zu gebrauchsfähigen Resultaten. Der Verstand kommt, kurz gesagt, nicht aus dem Kopf (auch nicht aus dem Herzen oder dem Gefühl), sondern aus dem »Bauch«, aus dem Körper, aus der praktischen Erfahrung. (Daher eine landläufige Meinung, der »gesunde Menschenverstand« sei durchaus suspekt, er sei gleichsam bestechlich.)

Der in voller Bedeutung des Wortes »gesunde Menschenverstand« ist jedoch das Verbindungsstück zwischen Theorie und Praxis, zwischen Gedanken, Gefühlen, Vorsätzen, Absichten usw. auf der einen Seite und der wirklichen Lebenssituation auf der anderen Seite. Die Stärken und Schwächen des Jungfrau-Typus hängen nun damit zusammen, daß der praxisbezogene, erdverbundene Kontakt zur persönlichen, subjektiven Wirklichkeit so ausgeprägt, buchstäblich so »eingefleischt« ist wie bei keinem anderen Zeichen. Die körperliche Betroffenheit, welche die Astrologie diesem Tierkreiszeichen traditionell zuschreibt, benennt diesen Umstand, daß die Jungfrau weniger als andere »aus ihrer Haut heraus« kann und will. – Ein häufiges Jungfrau-Symbol ist die Schnecke mit Haus. Bei Gefahr zieht sie sich in sich zurück. Ein Verlust ihres Hauses gleicht einer existentiellen Bedrohung. Körperlich zu empfinden, über die Körpersprache sich mitzuteilen und Signale von »draußen« zu empfangen, ist ein Charakteristikum aller drei Erdzeichen. Aber nach gängiger Auffassung sind Steinbock und Stier wesentlich mehr als die Jungfrau an »objektive« Geschehnisse gebunden, beziehen ihre Eindrücke und Verhaltensweisen viel stärker auf die Außenwelt. Allein die Jungfrau verbindet in sich die körperliche Empfindungsfähigkeit, die Wahrnehmungskräfte des Erdelementes mit der subjektiven, selbstbezogenen Lebensweise, die allen drei Sommerzeichen zu eigen ist und welche das Tierkreiszeichen Krebs über die privaten Gefühle, der Löwe über den persönlichen Willen und die Jungfrau eben über körperlich-praktische Aufmerksamkeit zum Ausdruck bringt.

Aus der eigenen Haut weder herausschlüpfen zu können noch zu wollen, erklärt viele typische Attribute der Jungfrau wie Monotonie, mangelnde Flexibilität gegenüber Unerwartetem usw. Die klassische Beschreibung des sechsten Horoskop-Feldes (des Jungfrau-Hauses) mit Krankheit und Schwäche muß ebenfalls mit dieser typischen Abneigung, über den eigenen Schatten zu springen, in Zusammenhang gesehen werden. – Wer gleichsam nur am unmittelbar Eigenen klebe, der oder die sei wohl wenig imstande, sich in die Lage anderer zu versetzen, andere anzuleiten und zu führen; solche Überlegungen dürften zu der Schlußfolgerung beigetragen haben, die typische Jungfrau für untergeordnete Dienste vorzusehen.

Nun, heute sehen die Dinge etwas anders aus als zur Zeit des zitierten Astrologie-Lehrbuches von 1816 (was nichts daran ändert, daß das Erbe des 19. Jahrhunderts in der Astrologie wie in den gesamten sog. »Grenzwissenschaften« noch überaus lebendig ist). Das individuelle »Selbst« hat in der Psychologie, spätestens seit C.G. Jung, einen anerkannten Raum erhalten. Im gesellschaftlichen Leben hat sich durch eine – wenn auch langwierige und unvollendete – Demokratisierung der Stellenwert der früheren »Knechte und Mägde« qualitativ verändert. Die vormaligen »kleinen Leute« (immerhin die große Mehrheit der Bevölkerung) haben heute weitaus mehr *Grund* zur Selbst-Achtung als 1816, als es in Deutschland immer noch Leibeigene und in vielen Teilen der Welt Sklaven gab.

Selbst-Bezogenheit, Selbstschutz bis zur völligen Immunisierung gegenüber allen anderen – diese Charakteristika sind im heutigen Verständnis nicht allein Bedingungen von Enge, Schwäche oder Krankheit. Im Gegenteil: Wie das Beispiel verschiedener Immunschwäche-Krankheiten zeigt, sind sie notwendiger Teil der Gesundheitspflege und -vorsorge.

Mehr noch: Die Emanzipation der ehemals »kleinen Leute« hat ganz *neue Notwendigkeiten* geschaffen. Um es an einem Beispiel zu verdeutlichen: Der Sozialpsychologe Alexander Mitscherlich (seines Zeichens Jungfrau) hat Epoche gemacht mit seiner Beobachtung, daß wir uns »auf dem Weg zu vaterlosen Gesellschaft« befänden. Psychologisch ausgedrückt, entspreche die Demokratisierung einer »Emanzipation des Unbewußten«. Wir Menschen in der zweiten Hälfte des 20. Jahrhunderts sehen uns, so Mitscherlich, in der Notwendigkeit, mit starken Trieben und schwachen Instinkten ausgestattet, ein persönliches Leben *ohne Vorbild* zu gestalten, ein individuelles Leben in einer historisch beispiellosen Massengesellschaft. Körperliche Betroffenheit und praktischer Verstand sind nicht mehr – wie noch vor wenigen Jahrzehnten für die meisten Menschen hierzulande – fast gänzlich mit der Versorgung der Grundbedürfnisse des Lebens ausgefüllt. Wir stehen vor der Notwendigkeit und der unglaublichen Chance, mehr als je zuvor ein selbstbestimmtes Leben in allen seinen Details selbst zu organisieren und einzurichten. Die eigene, praktische und unmittelbare Betroffenheit wahrzunehmen und in ihrer momentanen Bedeutung zu begreifen, ist in dieser Situation eine notwendige Voraussetzung für alles andere.

Tarot und Tierkreiszeichen

Widder: IV-Der Herrscher, XVI-Der Turm, Königin der Stäbe, Stab 2, Stab 3, Stab 4

Stier: V-Der Hierophant, III-Die Herrscherin, König der Münzen (Prinz der Scheiben), Münzen (Scheiben) 5, 6 und 7

Zwillinge: VI-Die Liebenden, I-Der Magier, Ritter der Schwerter, Schwert 8, Schwert 9, Schwert 10

Krebs: VII-Der Wagen, II-Die Hohepriesterin, Königin der Kelche, Kelch 2, Kelch 3, Kelch 4

Löwe: VIII-Kraft (= XI-Kraft/Lust), XIX-Die Sonne, König (Prinz) der Stäbe, Stab 5, Stab 6, Stab 7

Jungfrau: IX-Der Eremit, I-Der Magier, Ritter der Münzen (Scheiben), Münzen (Scheiben) 8, 9 und 10

Waage: XI-Gerechtigkeit (= VIII-Gerechtigkeit/Ausgleichung), III-Die Herrscherin, Königin der Schwerter, Schwert 2, Schwert 3, Schwert 4

Skorpion: XIII-Tod, XX-Gericht (= XX-Äon), König (Prinz) der Kelche, Kelch 5, Kelch 6, Kelch 7

Schütze: XIV-Mäßigkeit, X-Rad des Schicksals, Ritter der Stäbe, Stab 8, Stab 9, Stab 10

Steinbock: XV-Der Teufel, XXI-Die Welt/Das Universum, Königin der Münzen (Scheiben), Münzen (Scheiben) 2, 3 und 4

Wassermann: XVII-Der Stern, 0-Der Narr, König (Prinz) der Schwerter, Schwert 5, Schwert 6, Schwert 7

Fische: XVIII-Der Mond, XII-Der Gehängte, Ritter der Kelche, Kelch 8, Kelch 9, Kelch 10

Grenzgängerin und Zauberin

Die Jungfrau in den Bildern des Tarot

Von der Astrologie wechseln wir in eine andere Symbollandschaft, das Tarot. Tarot-Karten besitzen eine lange Geschichte. Doch noch nie haben sich so viele Menschen wie heute die Tarot-Karten gelegt. Und noch nie geschah dies in der heute üblichen Form, daß man *selbständig* die Karten bewegt und eine bedeutungsvolle und dennoch relativ offene oder assoziative Interpretation der Bilder und Symbole vornimmt, die am ehesten mit der *Traumdeutung* zu vergleichen ist.

Wahrsagerei und klassische Esoterik spielen in den gegenwärtigen Tarot-Gebrauch hinein. Aber es ist etwas Neues, etwas Eigenes, was sich unter dem Namen »Tarot« verbreitet hat und das im deutschsprachigen Raum derzeit Millionen von Menschen zu den Karten greifen läßt. Die wesentlichen Quellen für die aktuelle Popularität des Tarot waren – neben kleineren spirituellen und esoterischen Gruppen – in den 1960er Jahren die Hippie-Bewegung und in den 1970er Jahren die Frauenbewegung. Heute läßt sich das Interesse am Tarot keineswegs mehr einer bestimmten Szene zuordnen; es ist zu einem Teil der Alltagskultur geworden.

Vielleicht ist dies das wichtigste Kennzeichen der neuen Tarot-Praxis: Früher sah es so aus, als sei es die wichtigste Frage, welche Karte man *zieht*. Heute ist jedoch die Frage ebenso wichtig geworden, wie man die gezogene Karte *sieht*.

Tarot-Karten
für das Tierkreiszeichen Jungfrau

Nach einem heute weit verbreiteten Verfahren, welches vor rund 100 Jahren der Golden-Dawn-Orden, eine englische Rosenkreuzer-Vereinigung, entwickelte, werden jeder Tarot-Karte bestimmte astrologische Konstellationen zugeordnet (vgl. Anmerkung S. 145 f.). Zu jedem Tierkreiszeichen gehören danach sechs Karten, die zusammen ein Bild für das betreffende Zeichen ergeben.

Für die Jungfrau sind dies die Karten:

- IX-Der Eremit
- I-Der Magier
- Ritter der Münzen/Scheiben
- Münzen/Scheiben 8
- Münzen/Scheiben 9
- Münzen/Scheiben 10

Sie sehen diese Kartenbilder in der Darstellung des Rider-Waite-Tarot (Seite 54 f.), des Crowley-Tarot (S. 56 f.) und des Ancien Tarot de Marseille (S. 58 f.). Weltweit gibt es derzeit über 400 verschiedene Sorten Tarot-Karten. Davon sind diese drei Spiele mit Abstand die bewährtesten. Die Art der Darstellung unterscheidet sich von einem Tarot-Spiel zum anderen bisweilen erheblich. Gemeinsam haben die verschiedenartigen Bildgestaltungen jeweils einen oder mehrere thematische Bezugspunkte. Sie verkörpern auf unterschiedliche Weise eine selbe Situation. Nur der Zugang erfolgt von verschiedenen Richtungen aus. – Wenn Ihnen Tarot-Karten zur Verfügung stehen, benutzen Sie diese bei den folgenden Bildbetrachtungen.

Rider-Tarot

*Das Rider-Tarot wurde von Pamela Colman Smith
und Arthur E. Waite entwickelt und erschien 1910
im Londoner Verlag Rider.
Abbildungen:
IX-Der Eremit und I-Der Magier*

Abbildungen: Ritter der Münzen – Münz 8 – Münz
9 – Münz 10

Crowley-Tarot

Lady Frieda Harris und Aleister Crowley stellten dieses Tarot 1943 fertig. Auf gedruckten Karten erschien es zuerst 1969 in den USA.
Abbildungen:
IX-Der Eremit und I-Der Magier

Ritter der Scheiben

Umsicht

Gewinn

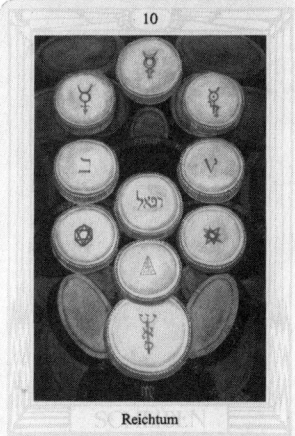
Reichtum

Abbildungen: Ritter der Scheiben – Scheiben 8 – Scheiben 9 – Scheiben 10

Marseiller Tarot

*Die hier abgebildete Ausgabe des »Ancien Tarot de
Marseille« wurde, auf der Basis älterer Vorlagen,
1930 in Paris veröffentlicht.
Abbildungen:
IX-Der Eremit und I-Der Magier*

Abbildungen: Ritter der Münzen – Münz 8 – Münz 9 – Münz 10

Realitätserweiterung

Abbildungen: Karte IX-Der Eremit
Rider-, Crowley- und Marseiller Tarot (v.l.n.r.)

Die Symbolik dieser Karten greift »Jungfrau«-Motive
unmittelbar auf. Hermes, der göttliche Dienstbote, besaß (neben seinem Herold-Stab, dieser kommt bei der
Karte I-Der Magier zur Geltung) einen goldenen Wan-
der- oder Hirten-Stab, wie wir ihn hier im Rider-Bild
finden. Hermes war in der griechischen Mythologie
Bote sowohl der Götter des Himmels (des Olymps) wie
auch der Unterwelt (des Hades), und diese Stellung *zwischen Licht und Schatten* geben die Kartenbilder ebenfalls wieder. Sie beinhalten damit auch eine Erinnerung
an Persephone, Tochter der Erdmutter Demeter und
des Göttervaters Zeus, welche abwechselnd auf und
unter der Erde weilte. Sinnbild der Persephone (wie des
Tierkreiszeichens Jungfrau insgesamt) sind die Ähren,
welche im Crowley-Bild zu erkennen sind.

Mit seiner Laterne spielt er selbstverständlich auf die Geschichte von den klugen und den törichten Jungfrauen an. – Auch die Figur des Nachtwächters ist in diesen Bildern des »Eremit« enthalten (mit den üblichen Bedeutungen von beschützender Wachsamkeit, aber auch von einer das Tagesgeschehen verschlafenden Nachlässigkeit im Sinne des Wortes vom »Nachtwächterstaat«). Archetypische Bilder des Eremiten von Johannes dem Täufer bis zum Zarathustra Nietzsches können mit dieser Tarot-Figur im Zusammenhang gesehen werden. Auch die Figur des »Alten Weisen«, welche in Märchen und Mythen einen Stammplatz besitzt (und welche in der Psychologie von C. G. Jung zum engeren Kreis der Urbilder des »Selbst« gerechnet wird), besitzt sicherlich Gemeinsamkeiten mit dem »Eremit« des Tarot. – Exkurs am Rande: Nachdem auf vorherigen Seiten einige Male die »Verstopfung« als Jungfrau-Thema angesprochen wurde, darf hier der Hinweis nicht fehlen, daß mit dem »Mann mit dem Licht« (»Wer kennt ihn nicht, den Mann mit dem Licht...?!«) viele Jahre lang Werbung für ein Mittel gemacht wurde, welches versprach, die blockierte Verdauung wieder in Gang zu setzen. Dies ist nur eins von vielen Beispielen, wie gerade in der Werbung kulturelle Urbilder aktiviert und benutzt werden...

Suche nach der eigenen Bedeutung

Die Karte »Der Eremit« besitzt für die meisten Tarot-Spieler/innen einen besonderen Vorteil, welcher mit der Jungfrau-Thematik unmittelbar zusammenhängt. Beim »Eremit« gelingt es nämlich fast allen relativ leicht, die *Doppeldeutung* der Karte bildlich wahrzunehmen. Für das Rider-Bild gelten etwa folgende wechselnde Betrachtungsweisen:

- Beim »Eremit« erscheint das Leben grau-in-grau: Freudloser Alltag, Monotonie, fruchtlose Öde. – Andererseits: Der Eremit hat seine Sonne oder seinen Stern erfaßt (in der Laterne eingefaßt). Gerade er ist es, welcher Wärme und Brillianz in einen grauen und kalten Alltag trägt.

- Der »Eremit« ist einsam und verlassen (ist verlassen worden oder hat seinerseits verlassen). – Andererseits: Er ist eine/r, der oder die sich *auf sich verlassen kann*, ein Inbegriff von Reife und Autonomie.

- Der »Eremit« ist ein Langweiler, der kalte Füße bekommt. Er hat sich wohl verlaufen. – Andererseits: Wie ein Fakir versteht er es, auch Eiswüsten zu durchqueren, ohne sich Frostbeulen zu holen. Er ist ein Wegweiser.

Jede Tarot-Karte weist solche Doppeldeutungen auf, kann wie ein Vexierbild gesehen werden; und diese Wahrnehmungsweise bezeichnet einen der wesentlichen Unterschiede zwischen dem heutigen Tarot-Kartenlegen und der früheren, formelhaften Wahrsagerei mit Karten. Aber bei etlichen Kartenbildern fällt es den heutigen Tarot-Spieler/innen zunächst schwer, unterschiedliche Bedeutungsrichtungen wahrzunehmen. Es gehört zusätzliche Erfahrung dazu, bis dies dann gelingt. Beim »Eremit« ist dies jedoch anders.

Nicht, daß alle ihn gerne sähen, aber sich vorstellen zu können, – nein, nicht vorstellen: *Am Bilde nachvollziehen zu können*, daß ein und dasselbe Bild eben völlig wechselnde Wahrnehmungen und Interpretationen zuläßt (und erfordert), dies gelingt beim »Eremit« den meisten gut (nach den Erfahrungen des Verfassers mit mehr als 10 000 Tarot-Spielerinnen und -Spielern).

Hier erweist sich sehr deutlich jener Zusammenhang von Form und Inhalt, von Zeichen und Bedeutung, welcher in der Symbolkunde zu den Grunderfahrungen zählt. Der »Eremit« ist die wichtigste der »Jungfrau«-Karten des Tarot; zur astrologischen Jungfrau gehört eine besonders genaue Wahrnehmung und Beobachtung; eben dies spiegelt der »Eremit« besonders auffällig.

Die Beobachtungs- und Analyse-Arbeit der Jungfrau besteht in der Aufschließung von Empfindungen, Wahrnehmungen und Sachverhalten — beim Tarot-Kartenlegen und anderswo. Zweck der Übung ist es, die eigene Bedeutung zu erfassen: *Begreife Dein eigenes Licht*! Achte (auf) Deinen Verstand. Er entscheidet, ob Du *Deinen* Weg findest oder in die Irre läufst, ob Einsamkeit und Verlassenheit die vorherrschende Bedeutung darstellen — oder Autonomie und Verläßlichkeit.

Verzicht auf Unnötiges

Beim Stichwort »Eremit« taucht bald auch die Vorstellung vom Asketen in Wald oder Wüste auf, der — in Sack und Asche gekleidet — sich von Wurzeln oder Heuschrecken ernährt. Diese Assoziation ist für manche Klischees verantwortlich, welche vom »Eremit« in Umlauf sind. — Stille, Verzicht auf unnötige äußere Reize, Rückbesinnung auf die Natur usw. spielen für das heutige Verständnis des Eremiten unverändert eine große

Rolle. Doch auch ganz *andere* Bilder von heutigen »Eremiten« sollten wir kennen: Allein im »Dickicht der Städte«, einsam in der Masse, fremd in der Gemeinde, ruhelos in den eigenen vier Wänden… und dies alles kann sich möglicherweise völlig unasketisch abspielen: Während wir reichlich konsumieren, empfinden wir gleichzeitig eine Leere oder einen noch größeren Hunger (nach Lebendigkeit, Liebe, Anerkennung, Sorglosigkeit pp.). Wenn dieser Hunger aber gestillt werden kann, so entsprechen dem Eremiten außerordentliche Glückserfahrungen: Sich selbst wiederzuentdecken, nach dem man/frau sich selbst ein Stückweit verloren hatte. – Seinen Sinn zu spüren, die eigene Bedeutung in der Welt zu verstehen, mit vielen zusammenzuleben, Beziehungen zu pflegen – nicht als Ersatz für persönliche Unabhängigkeit, sondern als deren Blüte, als deren Steigerung; Heimat zu haben, Wohlbehagen zu empfinden, auch bei schwierigen Tagesaufgaben, bei der Arbeit in komplexen Situationen, in großen Organisationen usw. mit sich selbst, mit »Gott und der Welt« im reinen zu sein, – mit Freude, Wachheit und im Bewußtsein der Notwendigkeit zu tun, was ansteht.

Fülle des Lebens

Das Asketische erscheint nämlich gar nicht so sehr als Verzicht im Sinne von Entbehrung oder Vermeidung, wenn wir klassische Eremitengestalten (Kassandra, Johannes der Täufer) und solche aus der christlichen Heiligengeschichte betrachten. Die Askese meint hier vielmehr einen Verzicht auf Unnötiges. In ihrem eigenen Selbstverständnis gingen diese Frauen und Männer in die »Einsamkeit«, um die *Fülle* des Lebens zu erfahren. Sie suchten die »Gegenwart Gottes«, was in christlicher Vorstellung dem Maximum einer menschenmöglichen Entwicklung entspricht. Der Verzicht, die Askese stellen nur äußere Merkmale des Eremiten dar. Dahinter verbirgt sich ein enormer Glücksanspruch, eine erhebliche Glücksbedürftigkeit.

Wenn sie nicht dennoch das weniger ausgefüllte Leben eines Sonderlings oder einer Eigenbrötlerin vorzogen, so wurden diese historischen Eremiten als Prophetinnen und Propheten, als Mahner, Ermunterer und »Rufer in der Wüste« tätig, oder sie wirkten einfach dadurch, daß sie eben sie selbst waren, daß der eigene Weg (»zu Gott«) ihnen wichtiger war als alles andere, daß sie auf alles verzichten mochten, nur nicht auf »das volle Lebensgefühl« (wie W. Döbereiner auch von der astrologischen Jungfrau sagt).

All dies ließ jene Männer und Frauen, welche das Eremitendasein gewählt hatten, oftmals zu *Wegweisern* und zu *Zielpunkten* werden. Sie waren Wegweiser – zu Heilung und Heiligung, zeigten durch ihre Art des Daseins, daß es etwas »Größeres« gibt, welches dem eigenen Leben Bedeutung verleiht und worin das einzelne Ich sich selbst erfährt. Zu Zielpunkten wurden sie, insoweit sie vorlebten und verkörperten, daß ein volles, ein wertvolles und intensives Leben gelingen kann, daß sogar umfassende, ja totale Glücksansprüche »auf den Weg gebracht« werden und ihr Ziel erreichen können.

So gesehen, kann die Symbolfigur des Eremiten gerade für die heutige Zeit Beispiel und Vorbild sein – ein Vorbild für den eigenen Weg ohne Vorbild.

Der Weg zum Anderen (zum Unbekannten in sich selbst, zum Mitmenschen und – in klassischer Formulierung – zu Gott, zu dem, was größer ist als jedes einzelne Selbst) bleibt die Prüfstrecke für den Eremiten. Die Reise ins Unbekannte besaß in der Vergangenheit als Lehr- oder Wanderjahre oder in Pilgerzeiten durchaus eigene Kulturenformen. Heute müssen wir neue Methoden dafür finden. Der Weg der Jungfrau ist der der Beobachtung und des praktischen Verstandes. Geeignete und ungeeignete Bedeutungen müssen in jedem Moment und auf jedem Schritt unterschieden werden.

Je deutlicher die möglichen Negativ-Seiten des Eremiten vor Augen liegen, um so sicherer vermag dieser seine Vorbildfunktion zu erfüllen. Eine Gefahr besteht darin, daß Einsamkeit und Verlassenheit entweder verdrängt oder aber zu sehr betont werden. Weitere Gefahren, die sich in den Bildern ohne weiteres erkennen lassen, sind die der Umnachtung, des Gesichtsverlustes, der Weltflucht und der Selbstisolierung. Wenn wir den eigenen Weg auch als persönliche Aufgabe begreifen, dürfen wir nicht übersehen, daß wir hier »größeren«, kosmischen und archetypischen Kräften begegnen, für die wir nur Boten, Vermittler, nicht aber Besitzer oder Urheber sind. Sonst geht vom Eremiten, wie C. G. Jung in Zusammenhang mit dem »Alten Weisen« bemerkte, »eine mächtige Faszination aus, die das Individuum (...) unweigerlich in eine Art von Selbstherrlichkeit und Größenwahn hineinreißt.«

Entscheidend für den Erfolg des Eremiten – und für das Glück der Jungfrau in uns – ist es, sich auf die eigene Kraft zu verlassen (Wander-/Zauber-Stab im Marseiller und im Rider-Bild) und zu erfassen (anzufassen, zu begreifen, *zu verstehen*), was im eigenen Leben Licht spendet.

Wir sollten in Erinnerung behalten, daß die Jungfrau im Jahreskreis den Löwen beerbt. Mit der *Sonne* des Löwen fängt die Jungfrau etwas an: Sie nutzt das Feuer im Herd und zur Heizung; sie errichtet Beleuchtungen und Leuchtfeuer; sie macht das Feuer – wie der Eremit in seiner Laterne – faßbar und haltbar.

Ein jedes Tierkreiszeichen speist sich aus der spezifischen Energie des vorausgehenden, aber – so die allgemeine astrologische Auffassung – dieses ist ihm nicht sonderlich bewußt; dieses Erbe gehört in den Bereich der Selbstverständlichkeiten. Beizeiten muß sich die Jungfrau diese aber ins Bewußtsein rufen (und unbefragte Gewohnheiten in ein bewußtes Selbstverständnis umwandeln). Denn der Erfolg des Eremiten liegt nun einmal nicht in Einsamkeit und Kasteiung, sondern allein darin, daß er die *Sonne*, die goldene Lebensmitte in den grauen Alltag trägt, daß er die Wärme des Sommers bewahrt und für kältere Zeiten bereithält.

Vermittlung und Vereinheitlichung

Weil es die Sonne und die Lebensmitte aber jeweils *doppelt* gibt, einmal nämlich als individuelle Lebensmitte und zweitens als kosmische oder kollektive Sonne, treffen wir in der Symbolik des Lichts beim Eremiten auch die doppelte Ausrichtung nach oben und nach unten (im Crowley-Bild offensichtlich; im Rider-Bild in Gestalt des leuchtenden sechseckigen Sterns, welcher u. a.

sich aus zwei Dreiecken, mit der Spitze einmal nach unten und einmal nach oben, zusammensetzt).

Der Eremit ist ein Grenzgänger, eine *Vermittlerin* in mehrfachem Sinne (und auch die folgenden Aspekte werden durch die beschriebene Licht-Symbolik dargestellt):

- Er verbindet *Tag und Nacht*, indem er Licht ins Dunkle bringt. Die Nacht restlos auszuleuchten, bleibt indessen unmöglich – und nicht einmal wünschenswert. Möglich und erstrebenswert erscheinen jedoch ein bewußter Umgang mit dem Unbewußten; ein gereifter Verstand, der auch Unausgereiftes und Unverständliches aufnehmen und beherzigen kann. (So ist es kein Zufall, wenn von vielen historischen Eremiten berichtet wird, sie hätten die Sprache von Tieren oder Pflanzen verstanden.)

- Er vereinigt *Alter und Jugend*. Der Eremit hat etwas vom »Alten Weisen« in sich, aber auch etwas Jugendliches (eben Jungfräuliches), schon weil die Suche nach einem *eigenen Weg* (nach geeigneten Lebens- und Ausdrucksforen) ein Merkmal der »Jugend«, gleich welchen Alters, darstellt. – Der Hintergrund dafür besteht in dem Zusammenhang, daß es nur zwei Formen gibt, wie wir in der Mitte des Lebens, der Lebendigkeit wohnen können: Unbewußt als Kinder – und bewußt als reife Persönlichkeit. – Im Crowley-Bild drückt das schlangenumwundene »Weltei« dieses A und O aus; ebenfalls der Samen, der Neues pflanzt, und der dreiköpfige Kerberos, welcher den Eingang der Unterwelt bewacht und u. a. für das Beendete, das Abgeschlossene steht.

- Der Eremit vermittelt *Innen und Außen*. Die halb nach innen und halb nach außen gekehrte Haltung des Eremiten im Rider- und Crowley-Bild illustriert dieses. Eindruck und Ausdruck, Selbst- und Weltbeobachtung, Voraussicht und Nachdenken usw., Form und Inhalt seines Daseins verbindet er zu einer ganzheitlichen *Gestalt*, weil er seine menschliche, seine persönliche Natur begriffen und zum Leitstern gemacht hat. »Natur ist weder Kern noch Schale/ alles ist sie ganz/mit einem Male« (W. Unger), und das gilt auch für den Menschen, sofern er sich und seine spezifische Menschennatur versteht.

- Der Eremit kombiniert *Oben und Unten*: Himmel und Erde, Welt und Unterwelt, das Licht des Himmels und das Feuer in der Erde, sein Bewußtsein und seine Existenzbedingungen. Er verkörpert eine Selbsterfahrung, welche sich bis zur All-Erfahrung vertieft und erweitert.

»All-Erfahrung« (auch Erfahrung von Alleinsein und von All-eins-Sein genannt) bedeutet, daß der Erfahrungshorizont eines Menschen sich ins Unbegrenzte öffnet. Das heißt, daß die Selbsterfahrung nicht allein um den eigenen Bauchnabel oder den nächsten Kirchturm kreist, daß ein Mensch zu allem, was im Kosmos gegeben und möglich ist, sich in ein Verhältnis setzt. Allerdings: Je deutlicher die unbegrenzten Möglichkeiten des Menschen werden, desto klarer wird auch das einzelne Individuum als notwendiger Träger dieser Potentiale. Die Fülle der Möglichkeiten findet ihre Begrenzung, ihren Gegenpol und ihre Konzentration im einzelnen Menschen, ohne den jene Möglichkeiten be-

deutungslos blieben. Zum Individuum gehört aber das
»unteilbar« Eigene – der persönliche Unterschied, welcher eine Gemeinsamkeit von Menschen erst fruchtbar
macht.

Damit gelangen wir nun zum Bild des »Magier«, welcher die Unterscheidungs- und Vereinheitlichungsfunk-
tion des Verstandes – die der Eremit symbolisiert – in
der Gestalt des zu sich selbst gekommenen Individuums
präsentiert.

Persönliche Zauberkraft

Abbildungen: I-Der Magier
Rider-, Crowley- und Marseiller Tarot (v.l.n.r.)

Der »Magier« ist Brücke zwischen Himmel und Erde
(Rider-Bild). Er verkörpert das, was der antike Mythos
dem Merkur oder Hermes zuschrieb (siehe dazu im
Crowley-Bild die »Flügel« an Kopf und Füßen sowie

den schlangenumwundenen Herold- oder Hermes-Stab über dem Haupte). Der »Magier« kennt den Zauber in den Dingen, wofür der Zauberstab ein Zeichen ist (Marseiller Bild). Und wie beim »Eremiten«, so ist auch hier in Erinnerung zu halten, daß »Der Magier« sehr wohl weiblich – eine Zauberin und eine Hexe – sein kann.

In einem bestimmten Sinne ist es auch heute sinnvoll von »Magie« zu sprechen. Bild und Begriff des Magiers bedeuten nunmehr vor allem den Zauber der persönlichen Individualität. Die Zahl der Karte, die Eins, ist auf der Ebene der im Tarot vorkommenden Zahlen nicht teilbar. »Unteilbar« aber heißt auf lateinisch individuum. Der »Magier« drückt Einheit, Einfachheit und Eindeutigkeit aus, gerade den Teil der persönlichen Existenz, der unteilbar eigen ist. Darin besteht seine Zauberkraft, daß er seine Individualität ausspielt. Ihm gelingen auf seinem Lebenswege Wunder, die für ihn ganz natürlich sind, so wie andere Menschen auf ihrem individuellen Weg Zauberstücke vollbringen, die für ihn immer unerreichbar bleiben, weil deren Weg nicht seiner ist.

Den »Magier« als eine Kraft zu entdecken, die jeder / m von uns zur Verfügung steht, heißt, die Kräfte des Himmels und der Erde persönlich benennen und anwenden zu lernen. Persönliche »Magie« oder, besser gesagt, der Zauber einer persönlichen Lebenskunst unterscheidet sich qualitativ vom Alles-Selber-Können-Wollen und von abergläubischen Geisterbeschwörungen. Wenn Sie den »Magier« oder die »Zauberin«, die in Ihnen stecken, näher kennenlernen möchten, ist der erste Schritt dorthin das Studium der vier Elemente (s. S. 26/27). Auf den Tarot-Karten tauchen vier Symbole immer wieder auf, die gleichfalls die vier Elemente dar-stellen. Es sind dies die

- Stäbe für das Element Feuer
- Kelche für das Element Wasser
- Schwerter für das Element Luft und
- Münzen oder Scheiben für das Element Erde.

In der Abbildung des Rider-Tarot sehen Sie diese vier Symbole auf dem Tisch vor dem Magier, sie sind seine Werkzeuge. Im Crowley-Bild sind Fackel oder Flamme, Münze, Schwert und Kelch ebenfalls enthalten.

Stellen Sie einmal – nach Ihrem derzeitigen Wissen von und nach Ihren Erfahrungen mit den vier Elemen-ten – für sich fest, welches der vier Elemente Ihnen am besten bekannt und welches Ihnen am fremdesten ist. Machen Sie dazu Beobachtungen und Notizen. Überle-gen Sie, von welchem Element Sie gern mehr erfahren möchten und wo Sie an einem vertrauten Element noch neue Aspekte vermuten. Alle vier Elemente zu kennen, diese in sich und an anderen zu erfahren und zu studie-ren, ist die im wahrsten Sinne »elementare« Vorausset-zung der persönlichen »Magie«.

Wenn Sie die vier Elemente kennen, ergibt sich auch die symbolische Bedeutung eines Zauberstabes. Ein Zauberstab ist ein konkretes Sinnbild: Er verbindet zwei Pole in einem gemeinsamen Ganzen. Und er unter-scheidet das Eine nach zwei Richtungen hin.

Daß ein Stab zwei Enden hat, ist für sich genommen natürlich banal. Es bekommt aber seine große Bedeu-tung, wenn wir dies auf den Gebrauch der vier Ele-mente beziehen. Man muß zunächst Feuer, Wasser, Luft und Erde in sich entdecken und die persönliche Tat-, Gefühls-, Gedanken- und Herstellungskräfte unterscheiden und ausprobieren. Ist dies gegeben, besteht der zweite Schritt darin – jetzt kommt die Symbolik des Zauberstabs ins Spiel –, unterschiedliche Elemente zu verbinden und innerhalb eines Elementes verschiedene Seiten trennen zu können.

Nehmen wir dafür ein praktisches Beispiel. Feuer bedeutet u. a. Selbstbehauptung und Durchsetzungsvermögen. Wasser symbolisiert u. a. Mitgefühl und Hinnahmebereitschaft. Was passiert, wenn Feuer und Wasser zusammenkommen? Das Wasser kann das Feuer löschen, das Feuer das Wasser verdampfen lassen – oder aber es kann ein Regenbogen entstehen, eine Verbindung von Feuer (Sonne) und Wasser. Das Mitgefühl kann das Durchsetzungsvermögen ertränken, die Selbstbehauptung mag jede Empfänglichkeit oder seelische Offenheit zu Dampf verkochen – es kann aber auch zu einer glücklichen Verbindung kommen, für die der Regenbogen als Zeichen steht, welches u. a. verwirklichte Träume symbolisiert. Gefühl und Härte, Zähigkeit und Zärtlichkeit, Zielstrebigkeit und Absichtslosigkeit, Worte und Nicht-Worte – in unendlich vielen Varianten lassen sich Begriffe finden für solche Widersprüche oder Gegensatzpaare, die bisher nicht zueinanderkommen konnten, deren glückliche Verbindung wie ein Wunder wirkt, deren Lösung aber möglich und wirksam wird, wenn diese der Verwirklichung der persönlichen Individualität entspricht.

Die persönliche Bedeutung dieses Zaubers ergibt sich, wenn Sie statt »Feuer und Wasser« im obigen Beispiel konkurrierende Ziele einsetzen, die Ihnen persönlich gleichermaßen wichtig sind, um ein Beispiel zu nennen, etwa Erfolg im Beruf und Zusammenleben mit Ihren Kindern. Es gibt Lösungen, die diese Ziele mitein-

ander verwirklichen. Doch es gibt sie nur maßgeschnei-
dert. Jede dieser wunderbaren Lösungen erfordert und
bewirkt einen weiteren Schritt in der Realisierung Ihres
individuellen Lebensweges und ihrer persönlichen
Identität.

Solange der eigene Weg nicht beschritten wird, besagt die Karte des Magiers umgekehrt, daß manches
»wie verhext« erscheint. Man kommt nicht weiter, tritt
auf der Stelle oder dreht sich im Kreis, wie es die lie-
gende Acht (das Unendlichkeitszeichen oder die Lem-
niskate, die in allen drei Bildern enthalten ist – im Marseiller Bild in der Hutkrempe des Magiers) für den un-
günstigen Fall anzeigen kann. – Eine Negativseite des
Magiers besteht indes auch darin, nur das Individuelle
hervorzuheben und das Kollektive, das Gemeinschaft-
liche geringzuschätzen. In diesem Falle verzichtet man
jedoch auf das Mögliche und fixiert sich auf nur einen
Teil seines Selbst. Denn witzigerweise ist Individualität
im Alleingang nicht möglich.

Begriffene Notwendigkeiten

»Münzen« lautet die traditionelle Bezeichnung dieser
Farbreihe. »Scheiben« ist ein späterer Ausdruck. Zum
Teil werden diese auch »Pentakel« oder »Sterne« ge-
nannt. Alles, was Ihnen persönlich zu einer Münze ein-
fällt, ist mitgemeint und wichtig, wenn es um die Be-
deutung dieser oder einer anderen Münzen/Scheiben-
Karte für Sie geht. Auf einer mehr allgemeingültigen
Ebene entsprechen die Münzen und Scheiben dem
Element Erde (vgl. S. 27): Die Münzen (oder Scheiben)
bedeuten die eigenen *Talente*. Das Talent war zu

RITTER der MÜNZEN

Ritter der Scheiben

CAVALIER·DE·DENIERS

Abbildungen: Karte Ritter der Münzen/Scheiben
Rider-, Crowley- und Marseiller Tarot (v.l.n.r.)

biblischen Zeiten ein Geldstück; Taler und Dollar
stammen vom Wort Talent ab. Eine materiell-finan-
zielle Bedeutung steckt also in den Talenten. Zusätzlich
aber die übertragene Bedeutung, unter der wir das Talent heute meist zuerst kennen – eine besondere Begabung und Aufgabe.

Die Münzen sind geprägt. Das heißt auf der einen
Seite: In den Münzen können wir die *Prägungen* erkennen, die wir erhalten haben, unser Erbe, unter dem wir
angetreten sind. Und auf der anderen Seite erkennen
wir uns in den Münzen selbst als *Prägende*, als Prägestock, der das Gesicht der Erde und das eigene Antlitz
gestaltet, sowie schließlich das Erbe, das wir hinterlassen werden.

»Prägestock« heißt auf altgriechisch »Archetyp«
(wobei Archetyp auch »Urbild« bedeutet). »Archetypen« sind die Ureindrücke, die in uns ruhen, und die

Erstprägungen, die wir für uns und für unsere Nachwelt tätigen. (Insofern ist ein Teil der symbolkundlichen und psychologischen Literatur einseitig, wenn dort zwar nach den Auswirkungen der Archetypen auf uns gefragt, die andere Seite – die Auswirkungen unserer höchst eigenen Prägekräfte – aber vergessen wird).

Eine Besonderheit des Rider-Tarot ist das Pentagramm, der Fünfstern in den Münzen. Dieses Symbol besitzt eine überaus reichhaltige Bedeutungsgeschichte, die hier nur ansatzweise wiedergegeben werden kann. Das Pentagramm bedeutet u. a. die Verbindung der vier Elemente plus ihre Zuspitzung in einer fünften Kraft, der *Quintessenz.*

Das Pentagramm in der Münze ist eine »Chiffre des Menschen«. Stellen Sie sich die Spitzen des Sterns als Kopf, Arme und Beine vor (wie in Leonardo da Vinci's »goldenem Schnitt«). In den *Sachen*, in Gegenständen ist (wie hier in Münzen) das Abbild des *lebendigen Menschen* enthalten. Das ist das große Geheimnis der Münzen!

Indem wir unsere Notwendigkeiten begreifen, verstehen wir uns selbst. (Und nur soweit wir uns selbst begreifen, vermögen wir zu erfassen, welche Aufgaben persönlich wirklich notwendig sind.) Begriffene Notwendigkeiten sind wie erkannte Talente ein großer Schatz, den es zu pflegen, zu mehren, zu ernten und heimzuholen gilt. Den Weg dorthin zeigen uns – nach der Wachsamkeit des Eremiten und dem Stück persönlicher Unteilbarkeit, welches der Magier verkörpert – hier Roß und Reiter. Das schwarze Unbekannte soll dabei weder verdrängt noch sich selbst überlassen werden. Es kann vielmehr als »Fahrzeug« taugen, das uns auf das »Feld der Wünsche«

trägt. Diesen Zusammenhang hat der deutsche Mystiker Johannes Tauler (zur Zeit des ausgehenden Mittelalters) hübsch und treffend so formuliert: »Das Pferd macht den Mist im Stall, und obgleich der Mist Unsauberkeit und üblen Geruch an sich hat, so zieht doch dasselbe Pferd denselben Mist mit großer Mühe auf das Feld; und daraus erwächst der edle schöne Weizen und der edle süße Wein, die niemals so wüchsen, wäre der Mist nicht da. Nun, dein Mist, das sind deine Mängel, die du nicht beseitigen, nicht überwinden noch ablegen kannst, die trage mit Mühe und Fleiß auf den Acker des liebreichen Willen Gottes in rechter Gelassenheit deiner selbst. Streue deinen Mist auf dieses edel Feld, daraus sprießt ohne allen Zweifel in demütiger Gelassenheit edle, wonnigliche Frucht auf«. – Den eigenen Mist als solchen zu gebrauchen, erleichtert es der Jungfrau in uns ganz besonders, sich selbst und anderen immer wieder zu verzeihen, *nicht perfekt* zu sein. –

Der Ausgleich und die Auseinandersetzung mit einem Du, mit einem fremden Kosmos jenseits der Grenzen des gewohnten Verstandes – dies widerstrebt nicht selten der Jungfrau, deren Sache die persönliche Vervollkommnung ist. Erst die Einsicht in die Notwendigkeit, die persönlichen Talente in die Erde zu pflanzen, und die Aussicht auf eine reiche Ernte (wofür u. a. die Karte »Ritter der Münzen« steht) können die Jungfrau bewegen, behutsam die Grenzen zum ganz Anderen zu analysieren, d. h. aufzuschließen.

Unter vielen anderen Individuen findet sie dann ihren Platz in der Gemeinschaft, an dem persönliche Reife, eine liebevolle und kritische Zuwendung zu sich und zu anderen nun viele Münzen und reiche Früchte erzielen. Davon handeln auch die drei folgenden Karten.

Meisterschaft

Abbildungen: Karte Münzen / Scheiben 8
Rider-, Crowley- und Marseiller Tarot (v.l.n.r.)

Für die Jungfrau hängt alles davon ab, welchen Charakter die »Münzen« haben, die sie bearbeitet: Ob sie ihre Talente verwirklicht, ob sie durch ihre Bemühungen zu sich selber findet, ob sie einengende Sachverhalte aufhebt und ob sie neue Lösungen entdeckt, welche ihre eine neue Heimat unter Menschen bieten. Ihre Meisterschaft entwickelt die Jungfrau, wenn sie mit viel »Sonne« sich von ungeeigneten Prägungen befreit und ihre ureigenen Aufgaben in der Welt herausfiltert.

Mit der Zahl Acht werden der harmonische Ausgleich, die Stabilität und die unendlichen Möglichkeiten in Verbindung gebracht, welche wir auch dem Zeichen der »liegenden« Acht zuordnen. Zugleich stellt die »Acht« auch die Warnung (»Achtung!«) vor dem ausweglosen Kreislauf eines unveränderten Wechselspieles dar. Die Gefahr liegt in der Betriebsblindheit, in der bloßen Wiederholung von Bewährtem. Sie sondern sich insofern ab, sehen nicht mehr, was Sie mit allen gemeinsam haben. Prüfen Sie dann, ob Sie noch flexibel sein können, bei Ihrem Tun noch spielen, entdecken und genießen.

Dieser Karte ist die Konstellation »Sonne in Jungfrau« zugeordnet, welche für die gesamte Dauer des Tierkreiszeichens und im besonderen für die erste Jungfrau-Dekade vom 23.8.–2.9. gilt.

Einklang

Abbildungen: Karte Münzen / Scheiben 9
Rider-, Crowley- und Marseiller Tarot (v.l.n.r.)

»Neun« Münzen bedeuten eine Zeit der Ausreifung, der Musterung und des Gewahrwerdens. Eigene Erkenntnis und persönliche Autonomie im Umgang mit den Kräften des Elements Erde werden gesucht oder gefunden: »Was ist das schwerste von allem? / Was dir am leichtesten dünket: / Mit den Augen zu sehen, / was vor den Augen dir liegt« (J. W. v. Goethe).

»Du bist eine kraftvolle, gelassene Person. Du stehst in oder vor bestelltem Land und kannst die Dinge wachsenlassen. Eine angenehme Lebenssituation, welche auf Deiner praktischen Lebenseinstellung beruht, und darauf, daß Du Deine Notwendigkeiten kennst. Du lebst unbeeinflußt von aufgesetzten Idolen, die Dich von Deinem Kern abziehen würden. Du weißt, Du lebst hier und jetzt, und für Dich ist entscheidend, daß Du das angenehm und behaglich machst. Deine Stärken sind die Freuden des Alltags, das konkrete Extra, ein persönlicher, ›angemessener‹ Luxus. Du richtest eine Dir entsprechende Umgebung ein und sorgst für Dein leibliches Wohl.

Diese Freuden erwachsen aus Deinem Verständnis der natürlichen Grenzen und der Einheit allen Lebens. »In der Beschränkung zeigt sich der Meister« oder die Meisterin, und das gibt Dir eine Reife, die es Dir ermöglicht loszulassen und Dich fallenzulassen.

In Deiner Lebenseinstellung liegt aber auch die Gefahr, daß Du vorschnell aufgibst und Dich unnötig bescheidest. Anstatt unangemessene Grenzen zu durchbrechen, beschleicht Dich dann ein Gefühl von Ohnmacht, sinnloser Routine oder ewiger Plackerei« (nach: »Tarot – Spiegel Deiner Möglichkeiten«).

Die astrologische Konstellation dieser Karte lautet »Venus in Jungfrau«, welche im besonderen für die zweite Jungfrau-Dekade vom 3.–12.9. gültig ist.

Blühende Talente

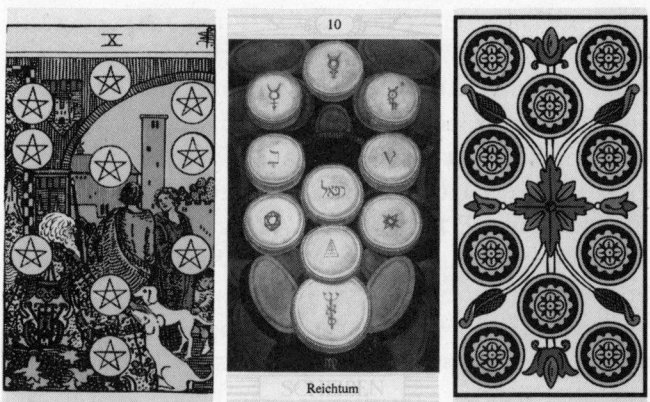

Abbildungen: Karte Münzen/Scheiben 10
Rider-, Crowley- und Marseiller Tarot (v.l.n.r.)

Die Konstellation dieser Karte lautet »Merkur in Jungfrau«, welche besonders für die dritte Jungfrau-Dekade
vom 13.–22.9. gilt. »Merkur in Jungfrau« ist astrologisch u.a. die höchste Stellung, welche dieser Planet
erreichen kann. Dies deutet auf eine fruchtbare Intelligenz und auf eine nicht mehr unbewußt, sondern bewußt ausgeprägte Selbstverständlichkeit. Die dritte
Jungfrau-Dekade bietet die Chance der Vollendung
und des Übergangs in eine erweiterte Realität. Sie führt
hin zur Herbsttagundnachtgleiche am 22./23.9.

Rider- und Crowley-Bild stellen die Münzen in der
Anordnung des kabbalistischen »Lebensbaumes« vor.
Mit allen seinen Stationen stellt dieser ein Modell für
eine vollständige Lebenserfahrung dar, ähnlich wie es
in der Astrologie der komplette Tierkreis ist.

Im Rider-Bild finden wir eine Episode aus der griechischen Mythologie wieder, die Geschichte, wie Odysseus am Ende seiner langjährigen Irrfahrt wieder auf seine Burg nach Theben zurückkehrt. Er ist als Bettler verkleidet, und als er sich nähert, erkennt ihn keiner, außer seinen Hunden. Odysseus zieht in seine Burg ein, in welcher eitles Chaos herrscht. Er gibt sich zu erkennen, als er der einzige ist, welcher seinen alten Bogen spannen kann. Danach räumt er fürchterlich auf!

Darüber hinaus läßt sich das Rider-Bild wie eine überaus treffende Illustration der Schlußworte betrachten, welche Goethes Faust am Ende »der Tragödie zweiter Teil« ausspricht. Die »Gefahr«, von welcher hier die Rede ist, meint die bedrohliche Gewalt des Meeres, an dessen Eindeichung Faust in seinen letzten Lebenstagen arbeitete, im Kartenbild am linken Rand nachzuvollziehen. »Kindheit, Mann und Greis«, das »Gewimmel« eines bunten, vollendeten Lebens und alle weiteren Äußerungen lassen sich voll und ganz auf das Rider-Bild beziehen:

>»Ja! diesem Sinne bin ich ganz ergeben,
>Das ist der Weisheit letzter Schluß:
>Nur der verdient sich Freiheit wie das Leben,
>Der täglich sie erobern muß.
>Und so verbringt, umrungen von Gefahr,
>Hier Kindheit, Mann und Greis sein tüchtig Jahr.
>Solch ein Gewimmel möcht' ich sehn,
>Auf freiem Grund mit freiem Volke stehn.
>Zum Augenblicke dürft' ich sagen;
>Verweile doch, du bist so schön!
>Es kann die Spur von meinen Erdentagen
>Nicht in Äonen untergehn.« –

Tarot-Kartenlegen

Zum Tarot-Kartenlegen gehört die Symboldeutung, aber auch der Mut, den Gefühlen und den manchmal unbekannten Wirklichkeiten der eigenen Person ins Auge zu schauen. Man beginnt am besten mit der »Tageskarte«. Morgens oder abends wird täglich oder doch einigermaßen häufig eine Karte gezogen – als Symbol, als Motivierung oder als besinnlicher Reflex des persönlichen Tagesgeschehens. Die Bedeutungen dieser Tageskarten sollen zunächst individuell und intuitiv erfaßt werden. Später können zusätzliche Interpretationen aus der Tarot-Literatur zu Rate gezogen werden. Zwei (der zahlreichen) Muster für das weitere Tarot-Kartenlegen:

1 – Aktuelle Situation
2 – Vergangenheit oder das, was schon da ist
3 – Zukunft oder das, was neu zu beachten ist.

        5

    2   1   3

        4

1 – Schlüssel oder Hauptaspekt
2 – Vergangenheit oder das, was schon da ist
3 – Zukunft oder das, was neu zu beachten ist
4 – Wurzel oder Basis
5 – Krone oder Chancen.

Zum praktischen Vorgehen:

- Benutzen Sie alle 78 Karten eines Tarot-Spiels. Die Sitte, nur 22 Karten zu verwenden, stammt aus der Zeit von vor 1910, als für nur 22 Karten (die sog. Großen Arkana) Bilder existierten. Heute ist die generelle Beschränkung nicht mehr sinnvoll.
- Überlegen Sie sich Ihre Frage, die Sie nun an die Tarot-Karten richten möchten. Für die Art der Frage gibt es keine zwingenden Ge- und Verbote.
- Wichtig ist zu wissen: Die Karten wirken wie ein Spiegel. Sie können Fragen über zweite und dritte Personen stellen. Die Antwort der Karten schließt dabei stets Ihr Verständnis und Ihr Verhältnis zu diesen Personen mit ein. Wenn Sie Fragen über andere Personen stellen, sind dennoch auch Sie selbst mit im Spiel.
- Mischen Sie die Karten, wie Sie es gewohnt sind. Alle verpflichtenden Vorschriften (Kartenziehen mit links; Mischen durch Rühren auf dem Tisch usw.) sind Humbug. Nichts gegen ein persönliches Ritual. Aber keine verpflichtenden Vorschriften.
- Legen Sie nach einem Legemuster aus, das Sie zuvor ausgewählt haben. Sie können dazu Legemuster aus der Literatur benutzen, aber auch eigene entwerfen (vor einer Kartenbefragung).
- Ziehen Sie die Karten, wie Sie es gewohnt sind. Legen Sie sie verdeckt in Form des Legemusters vor sich hin.
- Die Karten werden dann (im Normalfall) *einzeln* aufgedeckt. Erst wenn die Betrachtung und Interpretation einer Karte beendet ist, soll die nächste aufgedeckt werden.

- Alles, was während einer Kartenbefragung geschieht, kann zum Inhalt der gesuchten Antwort gehören.
- Die Antwort auf Ihre Frage geben *alle* Karten einer Auslage zusammen.

Eine Auslage, die sich besonders für das Tierkreiszeichen Jungfrau empfiehlt:

»Bestandsaufnahme«

1	2	3	Vergangenheit
6	5	4	Gegenwart
7	8	9	Zukunft

Analyse

- Welche Zusammenhänge lassen die Kartenbilder erkennen?
- Die Auslage enthält besonders viele mögliche Verknüpfungsmuster. Es lassen sich drei waagerechte und drei senkrechte Linien ziehen, ein diagonales und ein aufrechtes Kreuz, ein großes Quadrat und vier kleine Quadrate (1, 2, 6, 5 – 2, 3, 5, 4, – 6, 5, 7, 8 – 5, 4, 8, 9) zwei gegeneinander versetzte Rechtecke (1, 3, 7, 9 – 2, 4, 8, 6) um das Zentrum (5) herum oder eine Schlangenlinie von 1 bis 9, u. a. m.
- Wo liegt Ihr momentaner Schwerpunkt?
- Was bedeutet dieser für Sie?

Ungewohnte Selbstverständlichkeiten

Die Jungfrau in der Traumdeutung

Wenn wir im Schlaf träumen, so ist der ganze Mensch daran beteiligt. Vielfach ist die Auffassung verbreitet, Träume brächten im wesentlichen seelische und gefühlsmäßige Prozesse zum Ausdruck. Doch diese Vorstellung ist zu eng, sie wird den vielseitigen Aspekten des Träumens nicht gerecht. Außer dem Seelen- und Gefühlsleben ist auch der Geist an der Traumproduktion beteiligt: Die Gehirntätigkeit und die geistige Aktivität lassen im Schlaf nicht nach. Sie verlaufen nur in anderen Bewegungsformen als im Wachzustand, sie gehören wie das Atmen zum menschlichen Leben. Die *Körperfunktionen* rufen bestimmte Traumbilder mit hervor und werden ihrerseits von diesen beeinflußt. – Unter dem Betrachtungswinkel der Jungfrau besteht das Faszinierende der Träume gerade darin, daß sie von der Fortdauer des Lebendigen künden. Auch im Schlaf – der gelegentlich als »kleiner Tod« bezeichnet wird – geht »Es« weiter. Das Leben hört auch in dunkler Nacht nicht auf und bleibt als solches wahrnehmbar.

Wie sich inzwischen herumgesprochen hat, träumt *jeder* Mensch im Schlaf während verschiedener Traumphasen. Nur die Erinnerungsfähigkeit und die persönliche Bereitschaft, seinen Träumen einen Platz im Tagesbewußtsein einzuräumen, sind sehr unterschiedlich ausgeprägt. Wie die Gedanken sich in einem permanenten Fluß befinden, so zieht auch an unserem inneren

Auge, nie gänzlich unterbrochen, ein Strom von Bildern entlang. Die Nachtträume stellen nur einen ausschnittsweisen Teil dieser ständigen inneren Bilderwelten dar.

Psychologen haben im Experiment herausgefunden, daß ein konsequenter Traumentzug innerhalb von wenigen Tagen zu schweren Persönlichkeitsstörungen führt. Mittels des EEG und anderer Meßinstrumente kann ein äußerer Beobachter feststellen, wann ein Mensch im Schlaf zu träumen beginnt. Hindert man ihn nun am Träumen (»nur« am Träumen, nicht am Schlafen) treten am Tage Bewußtseinsstörungen und Halluzinationen auf. Wird der Traumentzug fortgesetzt, kommt es zu Depressionen. Spätestens nach etwa einer Woche andauernden Traumentzuges erfolgt ein seelischer Zusammenbruch.

Träume sind unerläßlich und unersetzlich. Unsere Sprache (bzw. die Erlebnisgewohnheiten, welche dahinterstehen) will es, daß das Wort »Träumen« stets im doppelten Sinne der Schlafträume sowie der Wunschträume zu verstehen ist. Träume zu haben, bedeutet, sich seiner Schlafträume erinnern zu können, und auch, *Ziele, Wunschvorstellungen und Ideale* zu besitzen. Was wäre, wenn die Beobachtungsergebnisse der psychologischen Experimente über den Traumentzug nicht nur für die Schlafträume, sondern auch für die Wunschträume gültig wären? Wenn diese wie jene unerläßlich und unersetzlich wären? Dann wären Träume im weitesten Sinne einfach *notwendig* für den Lebenserhalt, ihre Beobachtung und Pflege schlicht ein Teil der Daseinsvorsorge.

Bewußter Tag – traumhafte Nacht

In der Traumdeutung sprechen wir vom »Tagesrest«. Das sind Reminiszenzen aus dem vergangenen Tagesablauf, die der Schlaftraum benutzt, um damit seine Traumgeschichte zu erzählen. Ereignisse und Personen des Vortages treten im Nachttraum wieder auf, um gleichsam das Personal und die Kulisse für eine Traumhandlung abzugeben, die in ihrer Bedeutung in eine ganz andere Richtung zielen kann, als die Personen und die Ereignisse aus dem Tagesgeschehen erwarten lassen.

In einer Analogie zum »Tagesrest« im Traum ist es sinnvoll, von einem »Traumrest« im Tagesbewußtsein auszugehen. Überbleibsel und Fortwirkungen von Nachtträumen (an die man sich vielleicht gar nicht erinnert) werden vom Tagesbewußtsein aufgegriffen und benutzt, um zu bestimmten Entscheidungen oder Entschlüssen zu kommen. Ereignisse und Gestalten aus den Schlafträumen treten im Tagesbewußtsein wieder auf, um gleichsam die Dramaturgie, die Stimmungen und die Antriebskräfte für einen Tagesablauf abzugeben, der in seiner tatsächlichen Bedeutung ganz andere Ziele und Zwecke verfolgen kann, als dies die bewußt formulierten Verhaltensgründe erfassen.

Die Grauzone zwischen Tag und Traum kann und muß die Jungfrau in uns aufschließen und unterscheiden lernen. Kein anderes Tierkreiszeichen lebt jedoch mehr in seinen Selbstverständlichkeiten als die Jungfrau. Kein anderes hat allerdings auch bessere Chancen, seine komplette Sammlung von Gewohnheiten zu überprüfen. Entscheidend ist der Weg zum Anderen, zu einem Verständnis, welches außer dem eigenen Selbst auch die Welt eines anderen Selbst aufnehmen und verarbeiten kann. Zunächst aber ist die *eigene* Betroffenheit der wesentliche Maßstab für die Jungfrau. Was für sie selbstverständlich ist, schützt sie durch ihre besondere Gabe der Immunisierung zusätzlich. So gehört einige Übung dazu, den eigenen eingefleischten Selbstverständlichkeiten auf die Spur zu kommen. Wegen ihrer im allgemeinen »realistischen« Lebenseinstellung, liegt für die Jungfrau der Schlüssel dazu vor allem in einer genauen Alltagsbeobachtung, die sich sodann auf die Traumbeobachtung übertragen läßt. Stellen Sie bitte einmal folgende Betrachtung an:

Sie sehen die Straße vor Ihrem Hause. Auf dieser Straße bewegen sich täglich viele Menschen. Es ist eine Straße, sie ist tatsächlich da und ist für alle gleichermaßen vorhanden. Aber jeder Mensch erfährt und sieht diese Straße auch auf persönliche Weise. Die anatomischen Gegebenheiten des Sehens – Blickhöhe, Blickwinkel, Sehstärke, Reichweite, Brennpunkt usw. – führen zu je individuellen Bildern der einen Straße. Lebenserfahrung und Lebenseinstellung bewirken ein übriges. Ein alter Mensch sieht diese Straße anders als ein junger, eine Frau anders als ein Mann, ein verliebter Mensch wiederum anders als ein liebloser usw. Spezielle Interessen ergänzen zusätzlich das jeweilige persönliche Bild: Wer durch die Straße möglichst schnell hindurchfahren will, sieht sie anders als eine, die dort wohnt. Eine Straßenhändlerin betrachtet sie anders als ein Straßenfeger, ein Einheimischer anders als ein Besucher aus der Ferne. Kurz, es ist eine und dieselbe Straße. Sie existiert und sie stellt einen gemeinsamen tatsächlichen Bezugspunkt für alle dar, welche sie sehen und kennen.

Insofern ist bei weitem nicht *alles relativ. Zugleich ist diese eine Straße aber auch ein Begriff, hinter welchem sich »viele Straßen« verbergen. Die Kunst der Beobachtung und der Wahrnehmung, welche der Jungfrau zu eigen ist, besteht nun darin, im persönlichem Bild jener Straße wahrzunehmen oder zu erahnen, inwieweit sich die Sichtweisen der eigenen und anderer Personen dekken, unterscheiden und ergänzen können.*

Wahrnehmung als Wahrgebung

Einen veränderten Blick auf alte Selbstverständlichkeiten erleben wir manchmal, wenn wir nach einem Urlaub nach Hause kommen und, voll von fremdartigen Eindrücken, das vertraute Heim in neuem Lichte sehen. Dasgleiche geschieht, wenn wir verliebt oder verletzt, wütend oder erleichtert sind und die Welt mit einem Male mit anderen Augen sehen. Jede *Wahrnehmung* ist zugleich auch eine *Wahrgebung*. Wir nehmen Eindrücke nicht einfach auf, sondern haben »Filter« eingeschaltet, »Raster«, welche dem eigenen Selbstverständnis entsprechen und dieses jedesmal erneuern.

Die angestammten Selbstverständlichkeiten zu analysieren, wird für die Jungfrau in uns dann zur Notwendigkeit, wenn bestimmte Sorgen und Ängste uns wachrütteln und wenn dringende Wünsche und Bedürfnisse keine andere Wahl lassen, als Lebensgewohnheiten zu ändern. Dann werden die persönlichen Träume und ihre Bedeutung zum notwendigen und hilfreichen Wegbegleiter.

Traumsymbole
des Tierkreiszeichens Jungfrau

Ähre: Traditionelles Jungfrausymbol. – Soll das reife Korn geerntet werden, wird der Schnitter, der »Sensenmann« benötigt. Tod und Zeitlichkeit sind damit im Symbol der Ähre enthalten. (Entsprechend der Zusammenhang in der Mythologie: Die Ähre als Symbol der Persephone.) – Gefahr: Gefühl der Vergeblichkeit, solange der Tod ausgeklammert oder als übermächtig angesehen wird. – Lösung: Wenn ein Leben Früchte tragen soll, muß im passenden Rhythmus das Nötige für die gewünschte Ernte getan werden. Bis hin zur ständigen und zur letzten großen Aufgabe, die Ergebnisse eines Lebens für die Zukunft verwertbar zu machen. Das Symbol der Ähre macht klar, daß es weder darum geht, den Tod zu verdrängen, noch darum, sich ihm auszuliefern. Vielmehr geht es um die Berufung zur persönlichen Freiheit und zur Einmaligkeit eines gewollten und geliebten Lebens, das sich der notwendigen Bedingungen seiner Fruchtbarkeit bewußt ist.

Berührung: Berührungsangst (Noli me tangere, Detachment u. a.), Berührungszwang (Festhalten, »Klammern«), Berührungssucht und -flucht spiegeln die komplizierten Probleme des Jungfrau-Typus, eine geeignete Mischung aus Nähe und Distanz zu finden. »Einerseits erlebt man Sie als zurückhaltend, fast scheu, andererseits energisch und dynamisch im Versuch, das Leben zu meistern, risikobereit und auf der Suche nach Abenteuern. In beiden Haltungen kommt die Furcht zum Vorschein, den Anforderungen des Lebens nicht gewachsen zu sein und in der Masse unterzugehen. Ihr

Schneckenhaus ist nämlich nicht nur Schutz, sondern auch Schranke. – Sie verkriechen sich darin und haben Probleme, sich aus ihm heraus zu äußern oder zu handeln. So brechen Sie mit aller Kraft voraus, um die Mauern Ihres selbsterrichteten Schutzbaus zu durchbrechen. Nur durch solche übereilten und für die Umgebung überraschenden Ausfälle glauben Sie der Welt beweisen zu können, daß auch Sie spontan und dynamisch handeln können. Sie stehen vor der schwierigen Aufgabe, zu lernen, mit vorsichtigen Schritten Ihre eigenen Schranken zu durchschreiten und die Welt behutsam zu erobern.«

Beifahrer(in): Symbol der Jungfrau-Themen: Angst vor und Sehnsucht nach Unabhängigkeit und eigenem Weg. Auch: Wunsch oder Befürchtung, abgeholt zu werden.

Biene: Klassisches Jungfrau-Symbol.

Diva: Sehnsucht nach (oder Abwehr von) wesentlichen Jungfrau-Attributen wie Perfektion, fraglose Anerkennung, Unangefochtenheit usw. Als Traumbild der Entledigung von Alltagssorgen ein ernstzunehmendes, notwendiges Traumziel für die Jungfrau in uns: Startzeichen für den eigenen Weg (der freilich jede Anlehnung an einen fremden Leitstern aufheben wird).

Energiesparen: Deutung in der ganzen Spannbreite der Jungfrau-Symbolik.

»Filmriß« (**Erinnerungslücke**): Der bisherige Verstand kann etwas, das aus dem Unbewußten hervorströmt,

nicht mehr oder noch nicht verarbeiten. An der Naht-
stelle zwischen Bewußtem und Unbewußtem »reißt der
Film« (die verstandesmäßige Verarbeitung) ab. Im
Traum wie im Alltag ein Zeichen für ein Bedürfnis nach
mehr und besser akzeptierter Körperlichkeit. Zugleich
ein Zeichen für das Bedürfnis nach einem erweiterten
Begriffsvermögen, das auf verständige Weise dem Un-
verständlichen oder dem Unbewußten einen Freiraum
bietet. Wunsch nach oder Abwehr von Ganzheitsan-
sprüchen.

Fotoalbum: Vertraute Bilder wollen neu gesehen, seelische Eindrücke neu bewertet werden. Bedürfnis nach
oder Abwehr gegen Aufarbeitung von Erfahrungen.

Garten: Neben dem »Acker« (des Lebens) und dem
»Feld« (der Erfahrungen und der Möglichkeiten) ist der
Garten *das* typische Jungfrau-Symbol. Alle wesent-
lichen Jungfrau-Merkmale finden sich in der Symbol-
Bedeutung des Gartens wieder.

Gartenzwerge: »Kultfiguren des Kleineigentums«; jedoch auch Reste eines Fruchtbarkeitszaubers. Ebenfalls: Wunsch nach Winzigkeit. Furcht vor Bedeutungs-
losigkeit. Vgl. »Garten« und »Zwerge«.

Halbschatten/Zwielicht: Im weitesten Sinne ein »Zwi-
schenzustand«, wie sie für die Jungfrau typisch ist. Vgl.
im einzelnen Tarot-Karte »Der Eremit«, S. 60.

Haushalt/Ökonomie: Hinweis auf Jungfrau-Symbolik. – Ein gleiches gilt für die Bereiche **Finanzen/Steu-
ern** und **Büro/Organisation**.

Hirse: Traditionelles Jungfrau-Symbol. Vgl. »Ähre«.

Hologramm: Genaue Wahrnehmung ist erforderlich. Aufmerksamkeit für das größere Ganze, welches sich im Detail verbirgt, ist gefragt.

»Ich habe es gewußt« (»Ich habe es ja gesagt«): Ausdruck einer jungfrau-typischen Neigung zu Selbstgerechtigkeit oder nachträglicher Einsicht. Aufgabe, sich mehr zuzutrauen. Warnung vor mangelnder Selbstkritik.

Kindesopfer: Siehe »Torturen durch Eltern usw.«

Kontrolleur(in): Siehe »Kritiker(in)«.

Kritiker(in): Die Analyse-Fähigkeit der Jungfrau stellt sich hier in ihren Vorzügen oder Anfechtungen dar. Zu beachten ist dabei ein möglicher Zusammenhang von Geltungswunsch und Berührungsangst (Kritik als Distanzierung) oder von Anerkennungsstreben und Berührungswunsch/Festhalte-Strategie (Kritik als Bevormundung und Kontrolle).

Makellosigkeit: Siehe »Reinigung…«.

Mauerblümchen: Symbol des Unscheinbaren (vgl. S. 46) in seiner Doppeldeutung des tatsächlich Unbedeutenden und andererseits des Un-Scheinbaren, Wesentlichen, besonders Wertvollen. Gibt es etwas, wovon Sie Abstand nehmen sollten? Oder etwas in Ihnen, was darauf wartet, erkannt und abgeholt zu werden?

Mikroskop: Häufiges Jungfrau-Symbol (wie auch Optiker/in als ein gleiches). Genaue Beobachtung, Wahrnehmung von Details, feinen Bewegungen, winzigen Veränderungen usw. Umgekehrte Bedeutung: Bedürfnis nach größerer Distanz und besserem Überblick.

Nixe/Nymphe: Wie die Sirene im Mythos zieht die Nixe den Mann in die Tiefe oder, wie im Märchen, geraten Kinder, welche in den Brunnen fallen, in die Gewalt der Nixe. Sie macht die Menschen durch ihren Gesang willenlos, so daß sie ihr verfallen. Nach C. G. Jung ist die Nixe die erste instinktive Stufe, die Vorstufe eines zauberischen weiblichen Wesens, der Anima. Frauen sehen hier die Aufgabe und die Chance, ein erweitertes Verständnis ihrer Weiblichkeit zu gewinnen. Dies zu akzeptieren und zu erleben, kann schwierig sein, solange sie sich unbewußt an Erwartungen von Sanftmut, Wärme und Mütterlichkeit gebunden fühlen. Der Traum ist insofern als Hinweis zu verstehen, bewußt eigene Forderungen zu stellen. – Für Männer Begegnung mit Aspekten der Weiblichkeit und der fraulichen Sexualität, für welche sie derzeit keinen adäquaten Begriff besitzen.

Orgie: Gegensatz *und* Ergänzung der Jungfrau-Thematik: Wie der Rausch (s. »Wein/Weinberg«) in den Bedeutungen von unverstandener oder aber wohlverstandener Körperlichkeit, von Verlust einer alten Unschuld und Gewinn einer neuen, erweiterten Ganzheit.

Platzangst: Spiegelt den bisherigen Erfolg der »Analyse«-Arbeit der Jungfrau. Der eigene Platz in der Gesellschaft/in einer Lebensgemeinschaft ist unbekannt, fremd, bedroht oder aus anderen Gründen mit Ängsten verbunden. Wunsch nach Anerkennung als Individuum. Suche nach eigenem Stammplatz.

Prüfungssituation: Siehe »Torturen...« und »Kritiker(in)«.

Reinigung/Hausputz/Aufräumen usw: Im Tagesgeschehen zumeist mit deutlicher Jungfrau-Thematik verbunden: Bestandsaufnahme, Analyse, Klärung, Übersicht usw. Bei Frauen besonders häufig zur Zeit der Menstruation, aber auch bei Männern, wenn sie ihre besonderen »Tage« haben. – Zweck der Übung ist nicht zuletzt die Wiederherstellung einer »unschuldigen« Anfangssituation, jedoch auch die Beseitigung von vordergründigen Notwendigkeiten, um Zeit und Raum für das Un-Scheinbare, für wesentliche, mitunter vergessene oder neuentdeckte Bedürfnisse zu gewinnen. – Diese Traumsymbole fordern zu einer weitergehenden Auseinandersetzung mit dem Jungfrau-Themenkreis auf, insbesondere auch mit dem Selbstverständnis der jeweiligen Geschlechtsrolle. – Welche Sorgen oder Schuldgefühle sollen jetzt sortiert oder bereinigt werden? Welche Ansprüche und Aufgaben sollen nun geklärt und erledigt werden?

Schnüffler(in): Als »Ermittler«, als Genußmittel- oder Drogen-Schnüffler/in wie auch als Mensch mit guter Witterung Symbolfigur des Jungfrau-Typus. – In gleicher Weise typisch: **Spurensucher(in)** und **Pfadfinder(in)**.

Spitzenwerte/Restgrößen: Der Kampf um Leistungs- spitzen (»nicht 95 %, sondern 100 %«) oder deren Ver- meidung spiegeln die Einstellung zu den Jungfrau-The- men von Vervollkommnung, Reife, Reinheit usw.

Schnecke: Traditionelles Jungfrau-Symbol (vgl. S. 79). – Negativ: Berührungsangst, Geltungsstreben, über- triebene Vorsicht, mangelnde Beweglichkeit. – Positiv: Eigenleben, Selbstschutz, Immunisierung, Selbständig- keit, Häuslichkeit (bei sich zu Hause sein).

Tagebuch: Den Augenblick festhalten, ihm Ewigkeit verleihen wollen (vgl. S. 82). Einen eigenen Lebens- weg verfolgen. Auch: Übermäßiges Bedürfnis nach Kontrolle und Fixierung; heimlicher Wunsch nach mehr Lebensintensität, Lebendigkeit und Selbstbe- hauptung.

Tänzerin: Häufiges Traumsymbol der »jungen Frau«. Für Frauen: Begegnung mit einem zweiten Ich als An- stoß, das eigene Selbstbild und Selbstverständnis zu er- weitern. Für Männer: Begegnung mit eigenen weib- lichen Qualitäten; Aufgabe, sich selbst in der Frau zu erkennen.

Uneheliche Mutter: Ebenfalls ein häufiges Traumsym- bol der »jungen Frau«, das auf bisher unbekannte Sei- ten der Weiblichkeit verweist. Für Frauen ein mög- licher Hinweis, auf verstärkte Selbständigkeit und einen eigenen Weg zu achten. Jedoch auch möglicher Ausdruck von Wünschen nach einem Vater, nach ge- sellschaftlicher Akzeptanz usw., welche sich aus ganz anderen Lebensbereichen speisen, an diesem Motiv aber melden können. Für Männer u. U. Anstoß, sich (verstärkt) einen Begriff von der Autonomie des Weiblichen zu machen.

Torturen durch Eltern, Vorgesetzte, Vormunde usw: Im Traum – Erinnerung an den Verlust der Kindheit, der Unschuld. Aufgabe, Kindheit und unerfahrene Unschuld bewußt abzuschließen, um als Erwachsener wieder Kind und unschuldig zu werden. Gleichbedeutend mit der Suche nach einem Platz an der Sonne, nach einem eigenen Aufgabenfeld, nach einem Leben in und aus der Lebensmitte (der eigenen Lebendigkeit). Herausforderung der persönlichen Selbstbestimmung und der persönlichen Identität, einschließlich der eigenen Sexualität.

Unrat: Im Sinne von Dreck, Unordnung oder Ratlosigkeit, s. »Reinigung…«.

Vamp: Eine andere Seite der Jungfrau, s. auch »Berührung« sowie »Tänzerin«.

Verbraucherberatung: Deutung in der ganzen Spannbreite der Jungfrau-Symbolik.

Wahrsager(in): Ein Urziel der Jungfrau. – Vgl. die Tarot-Karte »Der Magier« (S. 70). – Wunsch oder Furcht, die Wahrheit zu hören bzw. zu sagen.

Wegweiser: Vgl. Tarot-Karte »Der Eremit« (S. 60).

Wein/Weinberg: Inbegriff der Fruchtbarkeit der Erde, die durch Arbeit und durch köstliche Ergebnisse gekrönt wird. Die Mühsal (die Vermehrung der »Talente« durch die Arbeit im Weinberg) gehört ebenso dazu wie der Genuß der Früchte und des Weines. – Symbol des ganzen (ungeteilten) Lebens einschließlich Rausch und dionysischer Ekstase. »Im Wein ist Wahrheit«: Welche Fragen nach Sinn und Genuß Ihres Lebenswerkes warten jetzt auf eine praktische Antwort? Was werden Sie dafür unternehmen?

Weiße Weste: Siehe »Reinigung…«.

Wiederverwertung / Recycling: Deutung im ganzen Spektrum der Jungfrau-Symbolik. Im Traum auch: Trennungs- und Lösungsängste. Befürchtungen, etwas Vergangenes *nicht* loszuwerden. Sehnsucht nach Wiedergeburt, Erneuerung und Umgestaltung.

Wohnwagen: Vgl. »Schnecke«.

Wolf: Gefräßigkeit im Sinne eines »unstillbaren« Hungers. Begegnung mit dem Schatten: Gefahr und Chance. Aufgabe, sich dem Unbekannten zu stellen, Ängste aktiv zu bekämpfen und Wünsche selbsttätig zu erfüllen. Aufgabe, nötige und unnötige Ängste, sinnvolle und sinnlose Wünsche (genauer) zu unterscheiden.

Zwerge: Erdverbundenheit, Erdverhaftung. Inbegriff des Winzigen und des Unscheinbaren, welches der Jungfrau dank ihrer Wahrnehmungsgabe mehr als anderen auffällt. Der Bedeutung nach bedrohlich oder aber hilfreich, heiter, oft witzig. Genaues Nachprüfen und Unterscheiden ist gefragt.

Vorschläge zur Traumbeobachtung

Für das selbständige Verständnis Ihrer Träume (und wenn es nötig ist: auch für die Distanz zu ihnen) sollen folgende Tips und Regeln vorgeschlagen werden.

Alles ist wichtig, so lautet ein erster Grundsatz. Aufmerksam jedes Detail, jeden Zusammenhang beachten. Woran erinnern Sie sich nach dem Traum? Was fühlen Sie im Moment des Gewahrwerdens? Vergessen Sie erst einmal jede Bewertung. Hauptsache, Sie sehen in Ihrer Vorstellung einigermaßen das vor sich, wovon Sie wohl geträumt haben. Hauptsache, Ihr Gefühl und Ihre Empfindungen finden im halb- oder ganzwachen Zustand die Bilder, Eindrücke und Abläufe aus Ihren Träumen wieder.

Führen Sie die Kamera. Sobald Sie Ihre Traumbilder genügend deutlich vor Ihrem geistigen Auge sehen, gehen Sie in die einzelnen Bilder hinein. Stellen Sie sich vor, Sie seien ein Beleuchter, der eine Szene nach unterschiedlichen Richtungen ausleuchtet, oder eine Kamerafrau, die die Szene nacheinander von mehreren Standpunkten aus betrachten kann.

Achten Sie auf Ihre Beobachtungen. Oft passieren in einer Traumsequenz mehrere Handlungen zugleich. Unterschiedliche Argumente, Ereignisse, Gefühle und Taten können gleichzeitig wirken. Versuchen Sie zu unterscheiden. Halten Sie fest, was für Sie wichtig erscheint.

Seien Sie ehrlich sich selber gegenüber. Legen Sie sich Zeugnis davon ab, was Sie im Traum gesagt und getan, gespürt und gedacht haben. Alles ist wichtig. Keine/r kennt Ihren Traum außer Ihnen. Stellen Sie für sich fest, was (Traum-)Sache ist.

Drücken Sie den Ablauf eines Traumes in Ihren Worten aus. Sagen (oder schreiben) Sie sich in Worten und Sätzen die Traumgeschichte auf. Wenn es sein muß, kurz. Aber verzichten Sie nicht darauf.

Speichern Sie Ihren Traum. Merken Sie sich nun Ihren Traum mit seinen Bildern und Eindrücken, mit seinen verschiedenen Szenen und Ihren Beobachtungen. Merken Sie sich die Traumgeschichte, wie Sie sich auch eine Einkaufsliste merken.

Legen Sie Abstand zu Ihrem Traum ein. Sie kennen jetzt Ihren Traum. Stellen Sie sich vor, ein guter Freund oder eine gute Freundin hätte ihn Ihnen just erzählt. Wie würden Sie darüber urteilen? Was denken Sie, und was tun Sie unterdessen?

Sammeln Sie Ideen zur Bewertung. Bevor Sie den Traum bewerten, sammeln Sie Ideen, welche Bedeutungen hier vernünftiger- und verrückterweise zutreffen können.

Versuchen Sie die Logik oder Unlogik zu verstehen. Wenn der Traum insgesamt – mit seinen verschiedenen Teilen, Brüchen oder Widersprüchen – einen Sinn oder auch einen bestimmten Unsinn darstellen soll, worin kann diese Logik oder Unlogik bestehen?

Entscheiden Sie sich für eine geeignete Interpretation. Kommen Sie zu einer Entscheidung. Was unklar bleibt, darf unklar bleiben. Nur merken sollten Sie sich dieses. Gibt es mehrere stimmige Interpretationen, merken Sie sich diese Stück für Stück, und legen Sie Ihre nächsten Schritte fest.

Sagen Sie sich Ihre Interpretation. Leise oder laut – sprechen Sie ihr Urteil einzweideutig aus.

Stellen Sie (zwei) Aufgaben fest, die sich aus der Interpretation ergeben. Formulieren Sie diese Aufgaben unmißverständlich für sich und beginnen Sie mit der Erledigung.

Geben Sie sich Rechenschaft. Legen Sie sich regelmäßig Rechenschaft ab – über Ihre Traumbilder und Ihre Beobachtungen dazu. Über Ihre Interpretationen (Bedeutungsvorstellungen) und die Erledigung Ihrer persönlichen Aufgaben.

Beziehen Sie sich auf die Reaktionen von Mitmenschen. Vergegenwärtigen Sie sich Reaktionen von anderen auf Ihr Verhalten. Lassen Sie diese gelten und beziehen Sie sie in Ihre Selbst-Rechenschaft mit ein.

Beziehen Sie sich auf Ihre sonstigen Träume und Überzeugungen. Beziehen Sie sich bei Interpretation, Anwendung und Überprüfung (Rechenschaft) auf Ihre früheren oder sonstigen Auffassungen.

Beziehen Sie sich auf Ihre Wünsche und Ängste. Streiten Sie und lachen Sie. Es tut gut, wenn man weiß, warum man beobachtet und warum man träumt: Um als ganzer Mensch Lebensfreude zu empfinden.

Weitere Hinweise

Umkehrungen und Vertauschungen gehören generell zum Traumgeschehen. Sie bedeuten, daß jeder erdenkliche Zusammenhang in verkehrter Proportion, in vertauschter Abfolge oder verwechselter Wirkungsrichtung auftauchen kann. Der Täter erscheint z. B. als Opfer, oder der Mittelpunkt am Rande, der Hintergrund im Vordergrund, die Zukunft in der Vergangenheit usw. Eine bekannte Szenerie nimmt eine völlig unbekannte Bedeutung an – Vertrautes findet unter unmöglichen Umständen statt usw. usw.

Personentausch ist ein zentrales Element der Traumbildung. Jede Person, die im Traum auftritt, kann

- die sein, für die sie sich ausgibt bzw. als die sie im Traum angesehen wird, oder
- eine Darstellungsform der eigenen Person der Träumerin oder des Träumers sein oder
- eine dritte Person vertreten oder
- etwas Unpersönliches verkörpern.

Selbst wenn diese Person im Traum ein bekannter Mitmensch ist (Partnerin, Kind, Kollege), kann diese Traumperson dennoch eine Art Verkleidung für die Person der/des Träumenden sein oder an jemand ganz anderen erinnern oder Unpersönliches – z. B. eine Idee – zur Vorstellung bringen.

Personalauswahl. Achten Sie einmal darauf, über eine gewisse Zeit hinweg, wer in Ihren Träumen erscheint. – Sehen Sie sich selbst in voller Lebensgröße in Ihren Träumen? – Wenn sich in Träumen Unangenehmes häuft, wer tritt dabei vorzugsweise auf? Wenn Schönes im Traum geschieht, welche Personen sind da?

Zeitverschiebung. Jede/r kann sich selbst als Kind, Erwachsene/r oder Greis/in im Traum begegnen. Jedes Alter kann der Gegenwart im Traum entsprechen.

Ortsveränderung. Jede/r kann sich an jedem Ort, von dem er/sie überhaupt Kenntnis hat, im Traum wiederfinden. Jeder Ort im Traum kann symbolisch der tatsächlichen Lage und dem momentanen Standpunkt der/des Träumers/in entsprechen.

Belebung von Unbelebtem. Was die Märchen und der Computer-Bildschirm können – Unbelebtes zum Leben animieren, das machen die Träume wie selbstverständlich auch. Dinge sprechen oder schweigen beredt. Räume erzeugen Spannungsfiguren usw. Ferner hängt mit der Animation von Unbelebtem auch eine Auflösung der üblichen Eigenschaftsmerkmale zusammen. Farben erzeugen dann z. B. Klänge, Worte verströmen Gerüche, Pferde beginnen zu fliegen, Fische zu laufen und Vögel zu schwimmen.

Wegweiser des Glücks

Die Jungfrau
im Spiegel des Märchens

Aus der Sammlung der Brüder Jacob und Wilhelm Grimm wurden im folgenden die Märchen »Aschenputtel« sowie »Rotkäppchen« ausgewählt, weil darin interessante Parallelen und Ergänzungen zur Jungfrau-Symbolik in Astrologie, Tarot und Traumdeutung enthalten sind. Die Grimm'schen Märchen sind den meisten Menschen unseres Sprachgebietes bekannt; sie werden in der vorliegenden Buchreihe deshalb für die Märchendeutung exemplarisch herangezogen.

Die »Kinder- und Hausmärchen« der Brüder Grimm erschienen erstmals 1812–1814. Das ist etwa die Zeit, in welcher Goethes »Faust« (1. Teil) und E. T. A. Hofmanns »Elixiere des Teufels« veröffentlicht wurden. Die Titel »Kinder- und Hausmärchen« ist manchmal im Sinne der Harmlosigkeit mißverstanden worden. Es stimmt sicherlich, daß die Brüder Grimm einige der Märchen, die sie aus mündlicher Überlieferung gesammelt hatten, bearbeiteten, »anstößige« Stellen entfernten und den einen oder anderen frommen Spruch hinzusetzen. Das soll nicht verschwiegen werden, doch dies ist nur ein Aspekt.

Der Titel muß auch so verstanden werden, daß mit der Märchensammlung erstmals »Kinderträume und Hausintimitäten« eine literarische und sprachliche Bedeutung erhielten. Wie das Volk zur gleichen Zeit um seine Rechte und die Deutschen um ihre nationale Existenz kämpften, so drückt das Lebenswerk der Brüder Grimm auch ein Ringen um »Luft«, um freien Atem und freie Rede aus. Dafür nahmen die »Märchenonkel« z. B. in Kauf, daß sie wegen Teilnahme am Protest der »Göttinger Sieben« amtsenthoben und ausgewiesen wurden.

Märchen, bis dato nicht druckfähig und in der Schriftwelt daher sprachlos, bekamen nun ein Sprachrohr. Wie die einfachen Stände zunehmend Bildung und Wissenschaft für sich einforderten und erwarben, so war die Sammlung und Veröffentlichung der Märchen *auch* ein Akt der Emanzipation.

Der Grund für die Begeisterung, die heute Erwachsene mit Märchen empfinden, liegt wohl besonders darin, daß Märchen eine Form der Psychologie darstellen, bei der man/frau selbst betroffen sein und innerlich miterleben kann – auch und gerade in seelischen Fragen, bei denen wir noch in den »Kinder- und Hausschuhen« stecken. Märchen schlagen eine Brücke in die Zeit zurück, die im Sinne der Schrift- und Kulturwelt sprachlos war. Dieser Zusammenhang gilt für die Geschichte der Gesellschaft, aber ebenso für den persönlichen Entwicklungsweg. Auch persönlich gab es und gibt es »sprachlose« Zeiten, und in diese und durch diese begleiten uns die Märchen.

Obwohl es viele Märchen mit Jungfrau-Gestalten gibt und obwohl auch andere Märchen Bezüge zum Tierkreiszeichen Jungfrau aufweisen (z. B. »Rapunzel«, »Schneeweißchen und Rosenrot« oder »Tischlein, deck dich…«), so zeichnen sich dennoch die Geschichten von Aschenputtel und Rotkäppchen durch eine besondere Fülle von Motiven, welche diesem Tierkreiszeichen unmittelbar zuzurechnen sind, aus. Hinzu kommt eine für die Jungfrau besonders wichtige und typische Dramatik in beiden Märchen: Einmal, in »Aschenputtel«, verliert die Tocher ihre Mutter, das andere Mal, in »Rotkäppchen«, die Mutter ihre Tochter. Beide Geschichten zusammengenommen stellen ein großes Gleichnis für den Kreislauf und die Fruchtbarkeit des Lebens dar, für die Erneuerung der Erde im Zeichen der Jungfrau.

Aschenputtel

Einem reichen Manne, dem wurde seine Frau krank, und als sie fühlte, daß ihr Ende herankam, rief sie ihr einziges Töchterlein zu sich ans Bett und sprach: »Liebes Kind, bleib fromm und gut, so wird dir der liebe Gott immer beistehen, und ich will vom Himmel auf dich herabblicken und will um dich sein.« Darauf tat sie die Augen zu und verschied. Das Mädchen ging jeden Tag hinaus zu dem Grabe der Mutter und weinte und blieb fromm und gut. Als der Winter kam, deckte der Schnee ein weißes Tüchlein auf das Grab, und als die Sonne im Frühjahr es wieder herabgezogen hatte, nahm sich der Mann eine andere Frau.

Die Frau hatte zwei Töchter mit ins Haus gebracht, die schön und weiß von Angesicht waren, aber garstig und schwarz von Herzen. Da ging eine schlimme Zeit für das arme Stiefkind an. »Soll die dumme Gans bei uns in der Stube sitzen!« sprachen sie, »wer Brot essen will, muß es verdienen: hinaus mit der Küchenmagd.« Sie nahmen ihm seine schönen Kleider weg, zogen ihm einen grauen alten Kittel an und gaben ihm hölzerne Schuhe. »Seht einmal die stolze Prinzessin, wie sie geputzt ist!« riefen sie, lachten und führten es in die Küche. Da mußte es von Morgen bis Abend schwere Arbeit tun, früh vor Tag aufstehn, Wasser tragen, Feuer anmachen, kochen und waschen. Obendrein taten ihm die Schwestern alles ersinnliche Herzeleid an, verspotteten es und schütteten ihm die Erbsen und Linsen in die Asche, so daß es sitzen und sie wieder auslesen mußte. Abends, wenn es sich müdegearbeitet hatte, kam es in kein Bett, sondern mußte sich neben den Herd in die Asche legen. Und weil es darum immer staubig und schmutzig aussah, nannten sie es Aschenputtel.

Es trug sich zu, daß der Vater einmal in die Messe ziehen wollte; da fragte er die beiden Stieftöchter, was er ihnen mitbringen sollte? »Schöne Kleider«, sagte die eine, »Perlen und Edelsteine« die zweite. »Aber du, Aschenputtel«, sprach er, »was willst du haben?« – »Vater, das erste Reis, das Euch auf Eurem Heimweg an den Hut stößt, das brecht für mich ab.« Er kaufte nun für die beiden Stiefschwestern schöne Kleider, Perlen und Edelsteine, und auf dem Rückweg, als er durch einen grünen Busch ritt, streifte ihn ein Haselreis und stieß ihm den Hut ab. Da brach er das Reis ab und nahm es mit. Als er nach Haus kam, gab er den Stieftöchtern, was sie sich gewünscht hatten, und dem Aschenputtel gab er das Reis von dem Haselbusch. Aschenputtel dankte ihm, ging zu seiner Mutter Grab und pflanzte das Reis darauf und weinte so sehr, daß die Tränen darauf niederfielen und es begossen. Es wuchs aber und ward ein schöner Baum. Aschenputtel ging alle Tage dreimal darunter, weinte und betete, und allemal kam ein weißes Vöglein auf den Baum, und wenn es einen Wunsch aussprach, so warf ihm das Vöglein herab, was es sich gewünscht hatte.

Es begab sich aber, daß der König ein Fest anstellte, das

drei Tage dauern sollte und wozu alle schönen Jungfrauen im Lande eingeladen wurden, damit sich sein Sohn eine Braut aussuchen möchte. Die zwei Stieftöchter, als sie hörten, daß sie auch dabei erscheinen sollten, waren guter Dinge, riefen Aschenputtel und sprachen. »Kämm uns die Haare, bürste uns die Schuhe und mache uns die Schnallen fest, wir gehen zur Hochzeit auf des Königs Schloß.« Aschenputtel gehorchte, weinte aber, weil es auch gern zum Tanz mitgegangen wäre, und bat die Stiefmutter, sie möchte es ihm erlauben. »Du, Aschenputtel«, sprach sie, »bist voll Staub und Schmutz und willst zur Hochzeit? Du hast keine Kleider und Schuhe und willst tanzen!« Als es aber mit Bitten anhielt, sprach sie endlich: »Da habe ich dir eine Schüssel Linsen in die Asche geschüttet; wenn du die Linsen in zwei Stunden wieder ausgelesen hast, so sollst du mitgehen.« Das Mädchen ging durch die Hinter-türe nach dem Garten und rief: »Ihr zahmen Täubchen, ihr Turteltäubchen, all ihr Vöglein unter dem Himmel, kommt und helft mir lesen,

> die guten ins Töpfchen,
> die schlechten ins Kröpfchen.«

Da kamen zum Küchenfenster zwei weiße Täubchen her-ein und danach die Turteltäubchen, und endlich schwirr-ten und schwärmten alle Vöglein unter dem Himmel her-ein und ließen sich um die Asche nieder. Und die Täub-chen nickten mit den Köpfchen und fingen an: pik, pik, pik, pik, und da fingen die übrigen auch an: pik, pik, pik, pik, und lasen alle guten Körnlein in die Schüssel. Kaum war eine Stunde herum, so waren sie schon fertig und flo-gen alle wieder hinaus. Da brachte das Mädchen die Schüssel der Stiefmutter, freute sich und glaubte, es dürfte nun mit auf die Hochzeit gehen. Aber sie sprach: »Nein, Aschenputtel, du hast keine Kleider und kannst nicht tanzen; du wirst nur ausgelacht.« Als es nun weinte, sprach sie: »Wenn du mir zwei Schüsseln voll Linsen in einer Stunde aus der Asche reinlesen kannst, so sollst du mitgehen«, und dachte, das kann es ja nimmermehr. Als sie die zwei Schüsseln Linsen in die Asche geschüttet hatte, ging das Mädchen durch die Hintertüre nach dem Garten und rief: »Ihr zahmen Täubchen, ihr Turteltäubchen, all ihr Vöglein unter dem Himmel, kommt und helft mir lesen,

> die guten ins Töpfchen,
> die schlechten ins Kröpfchen.«

Da kamen zum Küchenfenster zwei weiße Täubchen herein und danach die Turteltäubchen, und endlich schwirrten und schwärmten alle Vöglein unter dem Himmel herein und ließen sich um die Asche nieder. Und die Täubchen nickten mit den Köpfchen und fingen an: pik, pik, pik, pik, und lasen alle guten Körner in die Schüsseln. Und eh eine halbe Stunde herum war, waren sie schon fertig und flogen alle wieder hinaus. Da trug das Mädchen die Schüsseln zu der Stiefmutter, freute sich und glaubte, nun dürfte es mit auf die Hochzeit gehen. Aber sie sprach: »Es hilft dir alles nichts, du kommst nicht mit, denn du hast keine Kleider und kannst nicht tanzen, wir müßten uns deiner schämen.« Darauf kehrte sie ihm den Rücken zu und eilte mit ihren zwei stolzen Töchtern fort.

Als nun niemand mehr daheim war, ging Aschenputtel zu seiner Mutter Grab unter den Haselbaum und rief:

> »Bäumchen, rüttel dich und schüttel dich,
> Wirf Gold und Silber über mich.«

Da warf ihm der Vogel ein golden und silbern Kleid herunter und mit Seide und Silber ausgestickte Pantoffeln. In aller Eile zog es das Kleid an und ging zur Hochzeit. Seine Schwestern aber und die Stiefmutter kannten es nicht und meinten, es müßte eine fremde Königstochter sein, so schön sah es in dem goldenen Kleide aus. An Aschenputtel dachten sie gar nicht und dachten, es säße daheim im Schmutz und suche die Linsen aus der Asche. Der Königssohn kam ihm entgegen, nahm es bei der Hand und tanzte mit ihm. Er wollte auch sonst mit niemand tanzen, also daß er ihm die Hand nicht losließ, und wenn ein anderer kam, es aufzufordern, sprach er: »Das ist meine Tänzerin.«

Es tanzte, bis es Abend war, da wollte es nach Haus gehen. Der Königssohn aber sprach: »Ich gehe mit und begleite dich«, denn er wollte sehen, wem das schöne Mädchen angehörte. Sie entwischte ihm aber und sprang in das Taubenhaus. Nun wartete der Königssohn, bis der Vater kam, und sagte ihm, das fremde Mädchen wäre in das Taubenhaus gesprungen. Der Alte dachte: Sollte es Aschenputtel sein? Und sie mußten ihm Axt und Hacken bringen, damit er das Taubenhaus entzweischlagen konnte: aber es war niemand darin. Und als sie ins Haus kamen, lag Aschenputtel in seinen schmutzigen Kleidern in der Asche, und ein trübes Öllämpchen brannte im Schornstein; denn Aschenputtel war geschwind aus dem Taubenhaus hinten herabgesprungen und war zu dem Haselbäumchen gelaufen, da hatte es die schönen Kleider abgezogen und aufs Grab gelegt, und der Vogel hatte sie wieder weggenommen, und dann hatte es sich in seinem grauen Kittelchen in die Küche zur Asche gesetzt.

Am andern Tag, als das Fest von neuem anhub und die Eltern und Stiefschwestern wieder fort waren, ging Aschenputtel zu dem Haselbaum und sprach:

> »Bäumchen, rüttel dich und schüttel dich,
> Wirf Gold und Silber über mich.«

Da warf der Vogel ein noch viel stolzeres Kleid herab als am vorigen Tag. Und als es mit diesem Kleide auf der Hochzeit erschien, erstaunte jedermann über seine Schönheit. Der Königssohn aber hatte gewartet, bis es kam, nahm es gleich bei der Hand und tanzte nur allein mit ihm. Wenn die andern kamen und es aufforderten, sprach er: »Das ist meine Tänzerin.« Als es nun Abend war, wollte es fort, und der Königssohn ging ihm nach und wollte sehen, in welches Haus es ging, aber es sprang ihm fort und in den Garten hinter dem Haus. Darin stand ein schöner großer Baum, an dem die herrlichsten Birnen hingen; es kletterte so behend wie ein Eichhörnchen zwischen die Äste, und der Königssohn wußte nicht, wo es hingekommen war. Er wartete aber, bis der Vater kam, und sprach zu ihm: »Das fremde Mädchen ist mir entwischt, und ich glaube, es ist auf den Birnbaum gesprungen.« Der Vater dachte: sollte es Aschenputtel sein, ließ sich die Axt holen und hieb den Baum um, aber es war niemand darauf. Und als sie in die Küche kamen, lag Aschenputtel da in der Asche, wie sonst auch, denn es war auf der andern Seite vom Baum herabgesprungen, hatte dem Vogel auf dem Haselbäumchen die schönen Kleider wieder gebracht und sein graues Kittelchen angezogen.

Am dritten Tag, als die Eltern und Schwestern fort waren, ging Aschenputtel wieder zu seiner Mutter Grab und sprach zu dem Bäumchen:

> »Bäumchen, rüttel dich und schüttel dich,
> Wirf Gold und Silber über mich.«

Nun warf ihm der Vogel ein Kleid herab, das war so prächtig und glänzend, wie es noch keins gehabt hatte, und die Pantoffeln waren ganz golden. Als es in dem Kleid zu der Hochzeit kam, wußten sie alle nicht, was sie vor Verwunderung sagen sollten. Der Königssohn tanzte ganz allein mit ihm, und wenn es einer aufforderte, sprach er: »Das ist meine Tänzerin.«

Als es nun Abend war, wollte Aschenputtel fort, und der Königssohn wollte es begleiten, aber es entsprang ihm so geschwind, daß er nicht folgen konnte. Der Königssohn hatte aber eine List gebraucht und hatte die ganze Treppe mit Pech bestreichen lassen; da war, als es hinabsprang, der linke Pantoffel des Mädchens hängengeblieben. Der Königssohn hob ihn auf, und er war klein und zierlich und ganz golden. Am nächsten Morgen ging er damit zu dem Mann und sagte zu ihm: »Keine andere soll meine Gemahlin werden als die, an deren Fuß dieser goldene Schuh paßt.« Da freuten sich die beiden Schwestern, denn sie hatten schöne Füße. Die älteste ging mit dem Schuh in die Kammer und wollte ihn anprobieren, und die Mutter stand dabei. Aber sie konnte mit der großen Zehe nicht hineinkommen, und der Schuh war ihr zu klein; da reichte ihr die Mutter ein Messer und sprach: »Hau die Zehe ab; wenn du Königin bist, so brauchst du nicht mehr zu Fuß zu gehen.« Das Mädchen hieb die Zehe ab, zwängte den Fuß in den Schuh, verbiß den Schmerz und ging heraus zum Königssohn. Da nahm er seine Braut aufs Pferd und ritt mit ihr fort. Sie mußten aber an dem Grabe vorbei, da saßen die zwei Täubchen auf dem Haselbäumchen und riefen:

»Rucke di guck, rucke di guck,
Blut ist im Schuck:

Der Schuck ist zu klein,
Die rechte Braut sitzt noch daheim.«

Er wendete sein Pferd um, brachte die falsche Braut wieder nach Haus und sagte, das wäre nicht die rechte, die andere Schwester sollte den Schuh anziehen. Da ging diese in die Kammer und kam mit den Zehen glücklich in den Schuh, aber die Ferse war zu groß. Da reichte ihr die Mutter ein Messer und sprach: »Hau ein Stück von der Ferse ab; wenn du Königin bist, brauchst du nicht mehr zu Fuß zu gehen.« Das Mädchen hieb ein Stück von der Ferse ab, zwängte den Fuß in den Schuh, verbiß den Schmerz und ging hinaus zum Königssohn. Da nahm er sie als seine Braut aufs Pferd und ritt mit ihr fort. Als sie an dem Haselbäumchen vorbeikamen, saßen die zwei Täubchen darauf und riefen:

»Rucke di guck, rucke di guck,
Blut ist im Schuck:
Der Schuck ist zu klein,
Die rechte Braut sitzt noch daheim.«

Er blickte nieder auf ihren Fuß und sah, wie das Blut aus dem Schuh quoll und an den weißen Strümpfen ganz rot heraufgestiegen war. Da wendete er sein Pferd und brachte die falsche Braut wieder nach Haus. »Das ist auch nicht die rechte«, sprach er, »habt ihr keine andere Tochter?« – »Nein«, sagte der Mann, »nur von meiner verstorbenen Frau ist noch ein kleines verbuttetes Aschenputtel da: das kann unmöglich die Braut sein.« Der Königssohn sprach, er sollte es heraufschicken, die Mutter aber antwortete: »Ach nein, das ist viel zu schmutzig, das darf sich nicht sehen lassen.« Er wollte es aber durchaus haben, und

Aschenputtel mußte gerufen werden. Da wusch es sich erst Hände und Angesicht rein, ging dann hin und neigte sich vor dem Königssohn, der ihm den goldenen Schuh reichte. Dann setzte es sich auf einen Schemel, zog den Fuß aus dem schweren Holzschuh und steckte ihn in den Pantoffel, der war wie angegossen. Und als es sich in die Höhe richtete und der Königssohn ihm ins Gesicht sah, so erkannte er das schöne Mädchen, das mit ihm getanzt hatte, und rief: »Das ist die rechte Braut!« Die Stiefmutter und die beiden Schwestern erschraken und wurden bleich vor Ärger; er aber nahm Aschenputtel aufs Pferd und ritt mit ihm fort. Als sie an dem Haselbäumchen vorbeikamen, riefen die zwei weißen Täubchen:

>   »Rucke di guck, rucke die guck,
>   Kein Blut ist im Schuck:
>   Der Schuck ist nicht zu klein,
>   Die rechte Braut, die führt er heim.«

Und als sie das gerufen hatten, kamen sie beide herabgeflogen und setzen sich dem Aschenputtel auf die Schultern, eine rechts, die andere links, und blieben da sitzen.

Als die Hochzeit mit dem Königssohn sollte gehalten werden, kamen die falschen Schwestern, wollten sich einschmeicheln und teil an seinem Glück nehmen. Als die Brautleute nun zur Kirche gingen, war die älteste zur rechten, die jüngste zur linken Seite: da pickten die Tauben einer jeden das eine Auge aus. Hernach, als sie herausgingen, war die älteste zur linken und die jüngste zur rechten. Da pickten die Tauben einer jeden das andere Auge aus. Und waren sie also für ihre Bosheit und Falschheit mit Blindheit auf ihr Lebtag gestraft.

»Schicksal als Chance«

Was dem Aschenputtel widerfährt, sieht dem Anschein nach wie ein besonders unglückliches Einzelschicksal aus, welches lange anhält, bis die große Wende schließlich noch gelingt. Doch dieser Anschein trügt.

Die Mutter, die krank wird und stirbt, sowie der Vater, der sich eine andere Frau nimmt, sind seelische Realitäten, welche *jede* junge Frau dann erlebt, wenn sie aufhört, Mädchen zu sein: Die Mutter als Vorbild, als Identitätsangebot schwindet dahin; und der Vater scheidet als Bezugspunkt ihrer Liebe, die nun nicht mehr kindhaft bleibt, aus – es wird klar, daß er zu einer anderen *Frau* gehört.

Diese Erfahrungen der jungen Frau fallen in die Zeit, da ihre Geschlechtsreife deutlich wird. Dies ist die Zeit der beginnenden Menstruation, was im Märchen direkt anklingt. Denn das »Blut im Schuh« ist – neben allem, was dazu ansonsten zu sagen ist – ein Zeichen des Monatszyklus. »Roter Schuster« wurde dieser volkstümlich auch genannt. Fuß und Schuh besitzen häufig sexuelle Bedeutungen oder Anspielungen. Außerdem war es in der Vergangenheit offenbar so, daß Frauen auf dem Lande in der wärmeren Jahreszeit barfuß gingen und nur an ihren bestimmten Tagen Schuhe trugen. Das »Handwörterbuch des deutschen Aberglaubens« schreibt: »Daher sagt man auch von einem menstruierenden Mädchen, daß es ›in die Schuhe kommt‹.« Die Zeit der Geschlechtsreife war in früheren Gesellschaften die Zeit der Einweihung (und die Initiationsriten wiederum zählen traditionell zum Bedeutungsbereich des Tierkreiszeichens Jungfrau).

Wenn nun die Einweihung in die Geheimnisse des Lebens nicht oder nur unvollständig gelingt, ereignet sich das, was die heutige Psychologie den »Kontingenz-Schock« nennt. *Kontingenz* heißt vom lateinischen Wort her Berührung, Betroffenheit. Im heutigen Sprachgebrauch bedeutet Kontingenz jedoch zumeist »Zufälligkeit und Ungewißheit« (so sehr hat es sich eingebürgert, es als zufällig und ungewiß zu erleben, wenn wir – von den Ereignissen des Lebens – wirklich berührt und betroffen werden).

Der »Kontingenz-Schock« meint den Einbruch von schicksalhaften Ereignissen in ein persönliches Dasein, welches bis dahin für sich genommen als selbstverständlich erschien. Dieser Schock, sich als kleines, werdendes Individuum einem großen, ja kollosalen Schicksal gegenüberzusehen (welches viele oder alle bisherigen Selbstverständlichkeiten umwirft), erleben *Mädchen wie Jungen* irgendwann, wenn sie ihre Kinderschuhe abstreifen – die einen früher, die anderen später. Manche sind an gezählten Jahren schon längst *erwachsen* und erfahren diesen Schock dennoch erstmals dann, wenn z. B. eine Ehe oder Lebensgemeinschaft in die Brüche geht, wenn sie wider Willen arbeitslos werden, wenn ihre Kinder aus dem Haus gehen, wenn sie die Rente erreichen oder erst auf dem Sterbebett. Manche wiederum erreichen diese bestimmte Schicksalserfahrung nie, wie die Stiefschwestern der Aschenputtel, die in dieser Beziehung mit Blindheit geschlagen sind (was die Schlußszene des Märchens, in welcher die Tauben ihnen das Augenlicht rauben, rückwirkend bekräftigt).

Es bewährt und lohnt sich aber – so die Logik des Märchens –, mit seinem Schicksal in die »Puschen« (in die Schuhe) zu kommen. Wie an dem »Pech« auf der Treppe Aschenputtels goldener Schuh kleben bleibt, so haftet einem scheinbar mißgünstigen Schicksal in Wirklichkeit auch eine glückliche Lösung an, *wenn* man/frau das eigene Geschick begreifen lernt und sich den Schuh anzieht, der zur eigenen Person paßt.

Mutterseelenallein

Der Kontingenz-Schock, dieser Einbruch der Macht der Natur und des Schicksals in eine noch wenig zur Selbständigkeit entwickelte Persönlichkeit, bewirkt eine umfassende persönliche Betroffenheit, die sich zunächst jedoch als umfassende Trauer darstellt. Im Märchen kommt dies in den vielen, anhaltenden Tränen zum Ausdruck, welche Aschenputtel auf dem Grab der Mutter vergießt. Sie sieht sich buchstäblich allein auf weiter Flur, alleingelassen mit den Mächten des Himmels (erst durch den Schnee und die Sonne, später auch durch die Vögel symbolisiert) und mit den Kräften der Erde (erst nur als Grab, dann auch als Wachstumskraft im Baum vorhanden). Diese weitreichende Verlassenheit ist für Aschenputtel jedoch der Beginn eines eigenen Weges, der sie schließlich zu einer in gleicher Weise umfassenden, autonomen Persönlichkeit, zu einer »Königin« werden läßt: Sie wird im weitesten Sinne zur Herrin ihres eigenen Daseins.

Der Schnee, der nach dem Tod der Mutter alles wie unter einem weißen Tuch bedeckt, stellt eine Tabula rasa dar, eine Identität ohne Vorbild, eine Stunde Null des Bewußtseins. All dies bedeutet im schlimmsten Falle ein »blankes Entsetzen«. Derselbe Schnee symbolisiert aber auch das »Virgin land«, das jungfräuliche Neuland, welches Aschenputtels Individualität und Eigenleben in dieser Situation für sie selbst noch darstellt. Der eigenen Individualität im weitesten, d.h. kosmischen Sinne überhaupt gewahrzuwerden, dies war im traditionellen Sinne die Stunde der religiösen Erfahrung, der Moment der ersten *persönlichen* Gottesbegegnung. Diesen religiösen Moment erleben viele auch heute noch als solchen, selbst wenn sie sich von ihrer Kirche oder dem Christentum insgesamt schon verabschiedet hatten. So beschreibt es beispielsweise die bekannte Feministin Jill Johnston in einem ihrer Bücher: »Wenn du glaubst, daß ich um meiner selbst willen traurig bin, dann hast du recht. Ich mag Menschen mit diesem speziellen Gefühl besonders gern. Es steht gegen die Struktur der furchtlosen protestantischen Ethik. Solange du nicht um deiner selbst willen umfassend traurig gewesen bist, weißt du nicht, daß du ein menschliches Wesen bist. Dann siehst du dich um und vielleicht zum ersten Mal siehst du dann, wie wir alle gemeinsam drinstecken und dann wirst du zum ersten Mal dieses komische Gefühl bekommen und so mit einem gewissen Schock feststellen, daß du religiös bist, obwohl du bei den französischen Existentialisten vom Tod Gottes gelesen hast.«

Das Wort »religiös« ist in diesem Zusammenhang ganz treffend. Religion bedeutet wörtlich Rückbindung, Losbindung und »wieder und wieder lesen«. Entbunden von Mutter- und Vater-Figuren, die nicht länger eine Vorbild- und Beistands-Funktion erfüllen, weiß sich Aschenputtel dennoch ihrem »Urgrund«, ihrer persönlichen Herkunft und menschlichen Abstammung verbunden: *Sie selbst gleicht dem »schönen Baum«*, hervorgegangen aus Mutter Erde und als Sprößling (Zweig, Haselreis) des Vaters. Diese Dinge ihres Daseins lernt sie zu nehmen, wie sie sind, um sie wieder und wieder zu »lesen«, zu betrachten und zu sortieren – wie die Erbsen und Linsen. Was an der gewachsenen Natur, was an ihrer *persönlichen Natur* und Eigenart ist »gut« und was ist daran schlecht? Was am ererbten Schicksal taugt fürs «Töpfchen« (ist nahrhaft und nützlich), was daran ist Ausschuß fürs »Kröpfchen« (taugt nur als Mist, als Zerfallsprodukt und als Dünger)?

In sorgsamer Kleinarbeit versteht es Aschenputtel, *ihre* Unterscheidungen zu treffen. Dadurch schafft sie die Voraussetzung dafür, sich selbst zu unterscheiden: Zu begreifen, inwieweit ihr Dasein in der Welt einen Unterschied macht.

In Sack und Asche

Aschenputtel trägt ihren Namen, weil sie »immer staubig und schmutzig aussah«. Wir erinnern uns an das Bild vom Gold auf der Straße, von der Münze im Dreck, welche ebenso staubig, schmutzig – und unscheinbar erscheinen (vgl. S. 46 und S. 84 f.). Die Asche spielt auf den »Eremit in Sack und Asche« an, aber auch auf die Worte: »Asche zu Asche«. Der fortgesetzte Besuch des Mädchens am *Grab* der Mutter zeigt ihren ununterbrochenen Kontakt mit einem Jenseits. Der Tod ist als *eine* Existenzvoraussetzung des Lebens präsent.

Für die Stiefmutter mit ihren zwei Töchtern sind Pietät, Jenseits und das *Un-Scheinbare*, welches hinter der Allgemeinheit der Dinge besteht, kein Thema – *das* haben sie *nicht nötig*, wie sie meinen. »Schöne Kleider, Perlen und Edelsteine« sind ihre liebsten Verlangen, und für den schönen Schein, die unpassende Form sind sie sogar bereit, sich Zehe und Ferse abzuhacken – den *eigenen Standpunkt* buchstäblich selbst zu verstümmeln!

Aschenputtel ahnt, daß das Leben für sie wie für jede/n von uns »mehr und anderes« bereithält als glücklose Eitelkeit. Doch sie *ahnt* dies zunächst nur, was wiederum ganz wörtlich zu verstehen ist: Sie ist erfüllt von Andenken an ihre *Ahnen* und von *Ahnungen* für ihre vorerst noch unwirkliche Zukunft. Die Macht der Ahnen zeigt sich im Stellenwert des Grabes; die Kraft der Ahnungen beweist sich im Vorgriff auf das Reis (den Zweig, den Ast), welches ihrem Vater den Hut abstoßen wird. Beides zusammen, das Reis in das Grab gepflanzt und mit ihren Tränen begossen, läßt den Zauberbaum wachsen, an welchem sie ihre Wünsche äußern und sich erfüllen kann.

Ahnen und Ahnungen aber sind die charakteristischen Inhalte des *Schattens* im psychologischen Sinne. Dieser bedeutet das Unbemerkte, die andere Seite der Medaille, die Rückansicht eines Menschen, die unbeachteten Aspekte der Wirklichkeit. Das Nicht-Wahrgenommene wirkt grau, einerlei und abfällig. Aschenputtel läuft Gefahr, nicht nur von den anderen »in den Schatten gestellt« zu werden, sondern dieses Schattendasein selbst zu akzeptieren und allem anderen gegenüber sogar vorzuziehen. Wenn sie äußerlich in der Asche liegt, drückt dies einen inneren Zustand der grauen Unscheinbarkeit oder der »staubigen« Beschämung aus. Während die einen den Schatten verdrängen und in Gestalt der Aschenputtel aus der Stube verbannen möchten, lebt Aschenputtel tatsächlich im Bannkreis der Ahnen und Ahnungen: Das Grab mit dem

Baum stellt für eine lange Zeit ihr Zentrum, ihre wirkliche Lebensmitte dar. Erst das Zusammenwirken von Aschenputtels Verwandlung zur schönen Tänzerin *plus* der hartnäckigen — wie es im Text heißt — »List« des Königssohnes erreicht, daß nicht mehr der Schatten, sondern das eigene Licht im Mittelpunkt steht.

Das Feuer hüten

Aschenputtel schläft neben dem Herd und zündet täglich das Feuer an. Sie hütet das Feuer. (Wie alle anderen zentralen Motive dieses Märchens, so läßt sich auch dieses unmittelbar der »Jungfrau«-Symbolik zuordnen. Wir haben von den Vestalinnen, den jungfräulichen Priesterinnen im alten Rom gehört, welche das (Herd-)Feuer in ihrer Obhut hatten, ferner von den »klugen Jungfrauen« des biblischen Gleichnisses und haben das Bild des Eremiten im Tarot kennengelernt, welcher sein Feuer, sein Licht erfaßt und bereithält.) Obwohl das Herdfeuer und sein Platz in der Küche sicherlich auf eine traditionelle Frauendomäne hinweisen, ist doch das Feuer selbst, im bisher üblichen Verständnis der Geschlechterrollen, eine »männliche« Energie.

Wie im Traum, so können auch im Märchen *alle* vorkommenden Gestalten unterschiedliche Aspekte *einer und derselben* Person darstellen. Der Königssohn beispielsweise ist demnach eine Kraft, welche Aschenputtel bereits *in sich* trägt. Er stellt, so verstanden, nicht mehr einen »deus ex machina«, den obligaten Märchenprinzen dar; das Feuer, welches Aschenputtel erst einmal in ihrem Herd, im ausgegrenzten Küchenbereich hütet, betritt später als Königssohn in eigener Gestalt, mit ganzer Kraft und Schönheit die Bühne und wird ihr zum verläßlichen Gemahl und Wegbegleiter.

Dieses Feuer äußert sich auch in Aschenputtels Wunsch an den Vater nach einem Reis. Zweig, Ast, Stock usw. entsprechen in der Symbolik dem »männlichen« Feuer, als Phallussymbol, als Inbegriff der Zeugungs-, Wachstums-, Tat- und Triebkraft. Daß Aschenputtel sich dabei einen grünen Zweig erbittet, welcher dem Vater den Hut abstoßen soll, bedeutet zusätzlich, daß sie vom Vater (und von *dem* Mann) sich wünscht, daß er den Hut vor ihr zieht (sie achtet und beachtet). Er soll seine Kopfbedeckung, einen Teil seiner Selbstdarstellung, seines Selbstverständnisses verlieren. Zugleich verabreicht sie ihm symbolisch auch einen Schlag vor den Kopf.

Aschenputtel hütet also das Feuer, sie verlangt und verteidigt *auch* ihre »männliche« Seite. Nun besitzt aber das »Blut im Schuh«, die Menstruation als Ausdruck der Macht der Natur, nicht nur die Bedeutung von »Unpäßlichkeit« oder Schwäche; Blut symbolisiert generell, und auch in Gestalt des Monatszyklus, eine marsische (Mars-betonte) Komponente: Kriegerisch, eigenwillig und machtvoll. – Damit läßt sich die Ausgangssituation des Märchens in zusätzlicher Weise so verstehen: Nicht nur weil Aschenputtel sich als *junge Frau* erfährt und erwachsen wird, schwinden Vater und Mutter dahin. Sondern auch: Weil Aschenputtel fürs Frauwerden und Frausein ihre »männlichen«, eigenwillig-feurigen Energien *nicht zu opfern* bereit ist, verteidigt sie erfolgreich ihre persönliche Ganzheit, findet sich zu weiblichen Urerfahrungen rückverbunden, muß aber ebenfalls erleben, daß sie damit schon als junger Mensch Mutter und Vater weit hinter sich läßt. Die

Mutter erscheint als krank und hinfällig, was u. a. ein Ausdruck dafür ist, daß sie ihre vitalen, kämpferischen Aspekte nicht besitzt. Der Vater versteht Aschenputtel nicht; er hat keinen eigenen, inneren Bezug zur Weiblichkeit, was sich schon daran zeigt, daß er seine einzige Tochter Aschenputtel in allen Fragen des Alltagslebens seiner zweiten Frau überläßt. Mehrmals heißt es: »Der Vater dachte: Sollte es Aschenputtel sein?«, aber er begreift nicht, was er denkt.

Zeiten des Umbruchs

Die Ausgangslage des Märchens handelt insoweit nicht nur von einem wie auch immer »normalen« Generationenwechsel, sondern von einem »Generationenkonflikt«, der die junge Generation in ein besonders umfassendes *Neuland* stellt und sie – je mehr die persönliche Mutter und der persönliche Vater als Vorbilder wie als Streitpunkte bedeutungslos werden – umso mehr auf archetypische, auf Urerfahrungen zurückverweist, welche die jungen Leute durchleben müssen, um eine geeignete Identität zu finden. Es beginnt für sie damit eine eremitenhafte Pilgerschaft, die langsam, langsam bisherige Schattenbereiche erschließt, Spreu und Weizen sortiert wie hier die Erbsen und Linsen, bis auf diesem neuartigen, weitreichenden Hintergrund der eigene Standpunkt, der persönliche Platz in der Welt gefunden ist.

Dies bedeutet mehr als ein »normales« Erwachsenwerden (wenn es denn ein solches gibt); es bedeutet eine *Aufarbeitung* von schattenhaften Lücken, welche die Vorgeschichte hinterlassen hat, die Prägung von neuen »Münzen«, auch an solchen Stellen der Menschheits-

und der Persönlichkeitsentwicklung, an welchen bislang Öde, Leere, wenig Erfahrung und keine Kultivierung vorhanden war.

Was dies für uns heute speziell zu sagen hat, wird im Schlußkapitel Thema sein. Für die Märchenanalyse kommt es zunächst darauf an, folgenden Zusammenhang zu erkennen: Je mehr ein Mensch vor der Aufgabe steht, Neuland zu betreten (und sei es, daß er oder sie – eben als »Jungfrau« – dieses Neuland selber ist), desto mehr versagen die *unmittelbaren* Vorbilder und desto mehr ist er oder sie auf die Auseinandersetzung mit den Erfahrungen der Ahnen und Vorfahren bis hin zu *Archetypen* (Urbildern, alten, ererbten Eindrücken) angewiesen. Je mehr er oder sie aber das Neuland betritt, desto mehr wird er oder sie selber Prägungen schaffen, Fußstapfen dort hinterlassen, wo bislang noch nichts dergleichen war. Er oder sie wird *selbst zum Archetyp*, im Wortsinne von Erstpräger/in, angewiesen auf die *Ahnung* vom Unterschied, welche die eigene Person in dieser Welt bedeutet, und angewiesen auf die sorgfältige Analyse des Unscheinbaren. Kurz: Je klarer wir einen individuellen Weg vor uns finden, desto nachhaltiger, schicksalhafter die Verweisung auf Archetypisches – auf die Prägungen, die wir ererbt und erlebt haben, wie auch auf jene Prägungen, deren Urheber/in wir selber sind und sein werden.

Aschenputtels archetypische Kräfte

So ist es keine allzugroße Überraschung, wenn das Märchen »Aschenputtel« von Hinweisen und Zitaten archetypischer Motive förmlich wimmelt. Sonne und

Schnee, Himmel und Grab sind archetypische Symbole, in welchen sich die Vorstellung vom Zwiespalt von Körper und Geist, oben und unten usw. verfestigt hat. Zugleich enthält der Wunsch- oder Zauberbaum der Aschenputtel bereits die archetypische Antwort auf jene Polarität: Der Baum überbrückt nach alter Auffassung die Kluft; er wurzelt in der Erde, streckt sich in den Himmel und verbindet mit seinem Stamm Wurzel und Krone. So wird der Baum zum Symbol für den Menschen als Bürger bzw. Bürgerin zweier Welten, zugleich zum Wahrzeichen der Mittlerrolle des Menschen zwischen oben und unten, Geist und Materie usw. Das Symbol des Zauberbaumes gleicht insoweit dem Bild des »Magier« im Tarot (s. S. 80 f.), und es entspricht dem Begriff vom »Baum des Lebens«, vom Weltenbaum usw., der aus verschiedenen Überlieferungen bekannt ist.

Die Tauben und »all (die) Vöglein unter dem Himmel« sind ebenfalls archetypische Symbole, deren Bedeutung heute von der Friedenstaube und den Liebesvögeln bis zu »grauen« Horrorboten reicht. Dabei ist es bezeichnend, wenn der Märchentext, nachdem er erstmals »ein weißes Vöglein« erwähnt hat, im nächsten Satz sogleich von »schönen Jungfrauen« spricht. Die Alte Frau oder die Hexe, die sich in einen Vogel (meist Nachtvogel) verwandelt, oder – wie hier – die mädchenhafte Frau in Entsprechung zu den Tauben und anderen Himmelsvögeln geht auf alte mythologische Bilder zurück. Als ein Beispiel seien die *Sirenen* erwähnt: Jungfrauen mit Vogelleibern, – Seelenvögel, im Hades (Schattenreich) sowie in himmlischen Gefilden beheimatet, wörtlich die »Bestrickenden«. Mit übernatürlichem Wissen und betörendem Gesang begabt, lockten sie vorüberfahrende Seeleute an ihre Insel und töteten sie. Als Odysseus ihnen widersteht, stürzten sie sich ins Meer. In der antiken Mythologie sind sie u. a. Gespielinnen der Persephone, die – wie bereits erwähnt – wesentliche Kennzeichen des Tierkreiszeichens Jungfrau teilt. Die Sirenen wurden in früher Zeit ebenfalls als den Menschen begleitende Todesengel und trauernd auf Grabsteinen dargestellt. (Als Seelenführer/innen verweisen sie u. a. auf den Eremiten im Tarot; als Trauernde am Grab wiederum auf Aschenputtel.) Das Märchen stellt auf diesem Hintergrund nebenbei auch eine Antwort auf die aus dem Mythos von den Sirenen resultierende Frage dar, wie das übernatürliche Wissen (vgl. »Macht der Ahnen und der Ahnungen«) und der betörende Gesang (vgl. »Macht des Schicksals und Stimme der Natur«) genutzt werden können, ohne ins Verderben zu stürzen.

Die Antwort ist – die Analyse, das praktische Auseinandersetzen: »die guten ins Töpfchen, die schlechten ins Kröpfchen«. Diese Sortier- und Auslese-Aufgabe der Aschenputtel geht ebenfalls auf ältere Darstellungen zurück, so besonders auf den altrömischen Klassiker »Amor und Psyche«; darin muß Psyche Tausende von durcheinandergewürfelten Samen auseinandersortieren.

Sich selbst abholen

Die Fülle archetypischer Vorbilder und die geahnte Aufgabe, selbst einen eigenen Weg zu gehen, der *anders* ist als der von Mutter, Vater, Stiefmutter, – macht den Sinn und die Notwendigkeit der großangelegten »Erbsenzählerei« deutlich. Aschenputtel muß ihre Aufgabe, ihre Auslese erst erledigen, bevor sie das erste Mal zum Fest des Königs gehen kann.

Der König bedeutet auch innerpsychisch die oberste Instanz, die Fähigkeit zu Selbst-Bestimmung und Selbst-Regierung. Um dem Ruf *dieses* Königs zu folgen, hat sie ihre Linsen gelesen. Aschenputtel überwindet nun Verlassenheit und Beschmutzung. Gerade noch haben Stiefmutter und -schwestern sich mit den Worten: »Wir müssen uns deiner schämen« hinfortbegeben, da traut sie sich erstmals, ihren Glanz und ihre Brillanz nach außen zu zeigen. In Gestalt des Königssohns nimmt sie sich gleichsam selbst bei der Hand. Sie macht sich einerseits auf den Weg zu sich und holt sich andererseits selber ab. Der Königssohn kündigt eine neue Befähigung zur Selbst-Bestimmung an.

Doch sie entwischt ihm dreimal. Bisher kannte sie kein offensichtliches Selbstbewußtsein. Ihre Fluchtpunkte Taubenhaus und Birnbaum offenbaren jetzt und im nachhinein, wohin sie ihre Selbstachtung und ihr Bewußtsein verlagert hatte. Das *Taubenhaus* bedeutet das Gegenteil zur abgehackten Zehe der ersten Stiefschwester: Diese kann sich kaum mehr auf die Zehenspitzen stellen, nur mit Qualen wird sie sich noch erheben, strecken und in den Himmel recken können; das Taubenhaus bezeichnet umgekehrt, daß der Himmel, das Reich des Geistes, ein anima-lisches Denken (ein »wildes«, nicht in die Persönlichkeit integriertes Geistesleben) Aschenputtels Wahlheimat gewesen war.

Klar gesagt: Sie hatte einen ordentlichen Vogel (Spleen) kultiviert, der in der Vergangenheit hilfreich war, nun aber ihren eigenen Weg, den »Königsweg« zu sehr in »tauben«, hohlen Gefilden belassen würde.

Aschenputtel flieht vor der Selbstverständlichkeit eines neuen Bewußtseins und einer neuen Identität, welche der Königssohn ihr wie ein Spiegel zeigt. Doch durch ihre Flucht macht sie ihn auf ihr Schneckenhaus in den Lüften, auf ihr Wolkenkuckucksheim, aufmerksam und bittet ihn indirekt um Mitwirkung bei der Beseitigung der alten Schwächen.

Die »Vögel des Himmels« besitzen üblicherweise eine ekstatische Bedeutung, in sexueller wie in jeder anderen möglichen Hinsicht. Die Fähigkeit zur Ekstase freilich wird zusammen mit dem Taubenhaus nicht entzweigeschlagen. Sie soll vielmehr »geerdet«, auf festen Boden gestellt werden. So ist es bezeichnend, wenn schließlich der goldene Schuh auf einer *Treppe* haften bleibt. Die Treppe bedeutet innerpersönlich den Übergang von unten nach oben, die durchgehende Verbindung von Bewußtem und Unbewußtem. – Umgekehrt erinnert das Abhacken der großen Zehe an den furchtbaren Brauch mancher Völker, den Mädchen die Klitoris zu entfernen. Damit wird die »Treppe« quasi unterhalb der Mitte gekappt.

Am zweiten Abend flieht Aschenputtel in den Garten, auf den *Birnbaum* und in dessen unüberschaubares Astwerk. Auch hier stellt ihr Ausweichpunkt ein Gegenbild, diesmal zur abgehackten Ferse der zweiten Stiefschwester, dar. Letztere verliert ihren klaren Standpunkt und ihre Standfestigkeit. Aschenputtel jedoch war in die Natur geflohen. Die Birne ist ein Symbol der Fruchtbarkeit, im besonderen der des Leibes, das Bild einer Schwangerschaft in ihren Anfängen. Aschenputtel hatte also einen verwurzelten, fruchtbaren und verzweigten Fixpunkt in der Natur besessen. Sie war gleichsam mit sich selbst schwanger gegangen.

Allerdings hatte sich dies alles im »Hinterhaus« (»in dem Garten hinter dem Haus«, sagt der Text) abgespielt. »Haus« bedeutet in der Symbolkunde Identität, Persönlichkeit und Selbstbild. Nun also wird es Zeit, ins »Haus« einzuziehen, und der Birnbaum wird in diesem Sinne überfällig.

Licht und Finsternis

Form und Inhalt sollen zusammenpassen – das ist eine wesentliche Botschaft dieses Märchens und des Tierkreiszeichens Jungfrau insgesamt. Weil Form und Inhalt (Schuh und Fuß) nicht übereinstimmen, scheiden die Stiefschwestern noch auf dem Kirchweg als Bräute aus. Aber die alten Formen von Taubenhaus und Birnbaum passen auch nicht mehr zu einer Aschenputtel, die dabei ist, statt der *Asche* den *Diamant* (ihre Reinheit, Klarheit, Brillanz) als Lebensmitte zu wählen.

»Asche« (Kohlenstoff) und Diamant haben die gleiche chemische Zusammensetzung, beide sind Natur, nur der erfahrene Druck ist unterschiedlich und besorgt die verschiedenartige Gestaltbildung. – Erfolgreich bestandene *Belastungsproben* reinigen und veredeln die astrologischen Erdzeichen, und damit auch die Jungfrau, so wie es im Märchen die Aschenputtel erfährt. –

Die »List« des freienden Königssohns besteht darin, daß er die Sortierungsarbeit, die Aschenputtel an den Erbsen und Linsen geleistet hat, seinerseits und weiterführt. Während zu Anfang für Aschenputtel das Schattenreich mit seinem unterschiedslosen Aschgrau dominierte, erlaubt es die mit der Zeit fortgeschrittene Analysefähigkeit, die *Kenntnis des Unterschieds* nunmehr Schwarz und Weiß als gesonderte Zustände einander gegenüberzustellen. Für das strahlende Licht stehen die festlichen Gewänder der Aschenputtel (die damit aufhört, Aschenputtel zu sein). Auf der anderen Seite ergibt sich als »Spaltprodukt« des auseinanderdividierten Schattens ein kräftiges Schwarz. Das Unscheinbare ist nunmehr aufgeteilt in das Un-Scheinbare (das Wesentliche) und andererseits das Belanglose, das Unerhebliche. Eben diesen *Kontrast* benötigt der *Verstand* (die dem Menschen eingebaute »*Treppe*«), um Wahrnehmungen, Betroffenheiten und Erkenntnisse als solche zu bemerken und zu bewerten. Solange der Verstand keine Unterscheidungen treffen kann, bleibt *er* ein *Aschenputtel* und die Welt sieht ihn als grau an, genauso wie er die Welt grau-in-grau wahrnimmt. Sobald der Verstand aber einen eigenen Standpunkt besitzt und ein autonomes Zentrum darstellt wie der Zauberbaum in diesem Märchen, kann er wirken, sortieren und organisieren. Der Verstand hört dann auf wie Asche zu sein, er leuchtet in reiner Schönheit auf. Je treffender nun sein praktisches Unterscheidungsvermögen, desto mehr zerteilt sich das früher beherrschende Grau in klare Konturen: An die Stelle des grauen Einerlei tritt nun das sachkundige *Einverstanden-Sein* mit sich und der Welt.

Wendepunkte zur Ganzheit

Das Märchen von Aschenputtel stellt, so verstanden, ein Gleichnis für die Klärung und Reinigung des Verstandes, für die Herstellung seiner Funktionsfähigkeit, für den Wiedergewinn seiner »Unschuld« dar. Damit sind wir bereits bei einer zweiten Interpretationsebene angelangt, nachdem wir zunächst mit dem »Kontingenz-Schock« aus der Perspektive der jungen Frau begonnen haben. Zu ergänzen bleibt noch als dritte Deutungsebene dieses Märchens die männliche Sichtweise.

Der Königssohn symbolisiert Selbstbewußtsein und Ich-Identität aus der Sicht der Aschenputtel. Er ist jedoch Gesuchter und Suchender zugleich. Mit dem »reichen Manne«, welchem die Frau krank wird, beginnt das Märchen. Das bedeutet auch: *In* dem Manne werden weibliche Anteile kränklich und hinfällig. Er kann das Weibliche nicht unterscheiden. Er versteht Aschenputtels Bedeutung nicht, erfaßt nicht den Unterschied zwischen seiner ersten und der zweiten Frau, auch nicht den Kontrast seiner Stieftöchter, die »weiß von Angesicht« und »schwarz von Herzen« sind. Er erlebt nur, daß ihm der Hut vom Kopf gestoßen wird: Ihm geht der Oberbegriff verloren, er büßt seine Rolle als Oberhaupt ein. Zwar hilft der Vater mit, das Taubenhaus und den Birnbaum, Aschenputtels Rückzugspunkte, zu beseitigen; doch er begreift nicht, was »es« bedeutet. Als der Königssohn Aschenputtel schließlich abholen will, verleugnet er seine »andere Tochter«.

In dieser Situation fällt der männliche Part in dieser Geschichte genauso wie der weibliche auf eine archetypische Konstellation zurück. Erst die Einladung zum Fest des Königs bringt eine neue männliche Initiative ins Spiel. Könige aber sind »archetypische Groß-Väter«, wie A. Mitscherlich einmal bemerkte – was auch in der Bedeutung gilt, daß sie den Archetyp des Großen Vaters repräsentieren. – Die Große Mutter ist in erster Linie die Mutter Erde, die Macht der Natur. Der Große Vater aber verkörpert vor allem den Göttervater, den

»Vater im Himmel« und die Kraft des Schicksals. *Dieser* König ruft zur Brautschau und führt seinen Sohn ins Geschehen ein, was besagt, er leitet eine Erneuerung des geistigen Horizontes und des Umganges mit dem Schicksal ein.

Für den Königssohn erscheint Aschenputtel vor allem als »fremde Königstochter«, als »fremdes Mädchen«, als »schöne Tänzerin«. Dies sind geradezu klassische Beschreibungen für das Auftreten der *Anima*, der unbewußten, schwer zugänglichen Seelenanteile des Mannes, die insbesondere auch weiblich bestimmt sind.

Solange Aschenputtel nur in der Küche arbeitet und in der Asche schläft, symbolisiert sie die unbewußte, *unverstandene Natur*. Der Königssohn aber existiert quasi in der ersten Halbzeit des Märchens gar nicht als solcher; solange symbolisiert er einen unbegriffenen »Himmel«, ein *unverstandenes Schicksal*. Während Aschenputtel lernt, ihr Schicksal (und damit auch den Königssohn als ihren Mann) zu begreifen, geht es für den Königssohn darum, seine Natur (und damit auch Aschenputtel als seine Frau) anzunehmen. Die Herausforderung für Aschenputtel besteht darin, in ihrem Schicksal auch ihre *Chance* zu erkennen; sie muß sich ihr Bewußtsein aneignen, welches anfangs daliegt wie der Schnee, wie ein weißes Tuch, d. h. »blanco«, wie ein unbeschriebenes Blatt. Die Herausforderung für den Königssohn liegt dagegen darin, seine *Natur als Aufgabe* und Ziel zu begreifen; er muß in der »grauen« Alltagspraxis erst einmal in Erscheinung treten und seinen *praktischen* Verstand entwickeln, d. h. eine Brücke bauen zwischen seinen himmlisch-geistigen Prinzipien und der bodenständigen Wirklichkeit.

Die *Treppe* von seinem Schloß hinunter in das »einfache Leben« braucht der Königssohn insoweit nicht erst mit Pech zu bestreichen. An diesem »Abstieg« ins Konkrete, Alltägliche besaß er bisher einen black out, da sah er schwarz. So hatte er bislang keinen Begriff für den Zusammenhang von Theorie und Praxis, für die Bedeutung des Unscheinbaren, des Wirklichen, für den Unterschied von Sein und Schein. Das äußert sich noch in seiner *Ahnungslosigkeit*, in welcher er sogar zweimal die falsche Braut heimführen will. Erst als die Tauben ihn warnen, da berichtet das Märchen: »*Er blickte nieder*«! Da erst sieht er das Naheliegende, in diesem Falle das aus dem Schuh quellende Blut, die Selbstverstümmelung der falschen Bräute wie auch den zitierten »roten Schuster«. Da erst erkennt er die Zyklen des Lebens und insoweit die unausweichliche Macht der Natur an. Er versteht, daß er sein Pferd wenden muß: Seine Triebkraft ist unter der bisher allein geistigen, ideellen Orientierung in die falsche Richtung gelaufen.

Für Aschenputtel besteht der Wendepunkt in der Erkenntnis, daß es besser ist, ihr unbeflecktes, weil unbenutztes Bewußtsein zu gebrauchen, als auf Dauer in der Asche zu liegen. So kann sie die Erbsen zählen und die Linsen klären (was nebenbei bedeutet: Ihre *Augen*-(-Linsen) aufzumachen – ihre Betroffenheit und ihr Schicksal nicht nur in sich zu spüren, sondern auch »draußen« wiederzuerkennen und damit in wirklicher Bedeutung zu begreifen); so kommt sie zum Königsfest.

Der Königssohn dagegen erfährt ein gleiches, als er feststellt, daß es besser ist seine dunkle, weil verkannte und unbeachtete Natur anzunehmen, als seiner »besseren Hälfte« auf Dauer hinterherzulaufen. Wenn sogar »Pech« nicht hoffnungslos sein muß, sondern wie in diesem Falle sich als nützlich und hilfreich erweisen kann, um die gewünschte Bodenhaftung zu erreichen, – was soll ihn dann abhalten, künftig regelmäßig einen Blick nach »unten« zu werfen?

So findet er seine richtige Braut, er begibt sich schließlich zu Aschenputtel hin und läßt sie zu sich »heraufschicken«, wie der Text eigens vermerkt. Sie treffen sich also in der Mitte. Im Baum, welcher Himmel und Erde verbindet, wie auch in all den »Vöglein *unter* dem Himmel« (also *zwischen* Himmel und Erde) war die Vermittlung von oben und unten bereits angelegt, jetzt ist sie für Frau und Mann zur persönlichen Realität geworden – was im übrigen ein Gleichnis für einen integrierten, ganzheitlichen Verstand darstellt.

Zur Fortsetzung und Ergänzung folgt nun das Märchen vom Rotkäppchen.

Rotkäppchen

Es war einmal eine kleine, süße Dirne, die hatte jedermann lieb, der sie nur ansah, am allerliebsten aber ihre Großmutter, die wußte gar nicht, was sie alles dem Kinde geben sollte. Einmal schenkte sie ihm ein Käppchen von rotem Sammet, und weil ihm das so wohl stand und es nichts anders mehr tragen wollte, hieß es nur das Rotkäppchen. Eines Tages sprach seine Mutter zu ihm: »Komm, Rotkäppchen, da hast du ein Stück Kuchen und eine Flasche Wein, bring das der Großmutter hinaus; sie ist krank und schwach und wird sich daran laben. Mach dich auf, bevor es heiß wird, und wenn du hinauskommst, so geh hübsch sittsam und lauf nicht vom Weg ab, sonst fällst du und zerbrichst das Glas, und die Großmutter hat nichts. Und wenn du in ihre Stube kommst, so vergiß nicht, guten Morgen zu sagen, und guck nicht erst in allen Ecken herum.«

»Ich will schon alles gut machen«, sagte Rotkäppchen zur Mutter und gab ihr die Hand darauf. Die Großmutter aber wohnte draußen im Wald, eine halbe Stunde vom Dorf. Wie nun Rotkäppchen in den Wald kam, begegnete ihm der Wolf. Rotkäppchen aber wußte nicht, was das für ein böses Tier war, und fürchtete sich nicht vor ihm. »Guten Tag, Rotkäppchen«, sprach er. »Schönen Dank, Wolf.« – »Wo hinaus so früh, Rotkäppchen?« – »Zur Großmutter.« – »Was trägst du unter der Schürze?« – »Kuchen und Wein; gestern haben wir gebacken, da soll sich die kranke und schwache Großmutter etwas zugut tun und sich damit stärken.« – »Rotkäppchen, wo wohnt deine Großmutter?« – »Noch eine gute Viertelstunde weiter im Wald, unter den drei großen Eichbäumen, da steht ihr Haus, unten sind die Nußhecken, das wirst du ja wissen«, sagte Rotkäppchen. Der Wolf dachte bei sich: Das junge, zarte Ding, das ist ein fetter Bissen, der wird noch besser schmecken als die Alte: du mußt es listig anfangen, damit du beide erschnappst. Da ging er ein Weilchen neben Rotkäppchen her, dann sprach er: »Rotkäppchen, sieh einmal die schönen Blumen, die ringsumher stehen, warum guckst du dich nicht um? Ich glaube, du hörst gar nicht, wie die Vöglein so lieblich singen? Du gehst ja für dich hin, als wenn du zur Schule gingst, und ist so lustig draußen in dem Wald.«

Rotkäppchen schlug die Augen auf, und als es sah, wie die Sonnenstrahlen durch die Bäume hin und her tanzten und alles voll schöner Blumen stand, dachte es: Wenn ich der Großmutter einen frischen Strauß mitbringe, der wird ihr auch Freude machen, es ist so früh am Tag, daß ich doch zur rechten Zeit ankomme, lief vom Wege ab in den Wald hinein und suchte Blumen. Und wenn es eine gebrochen hatte, meinte es, weiter hinaus stände eine schönere, und lief danach und geriet immer tiefer in den Wald hinein. Der Wolf aber ging geradewegs nach dem Haus der Großmutter und klopfte an die Türe. »Wer ist draußen?« – »Rotkäppchen, das bringt Kuchen und Wein, mach auf.« – »Drück nur auf die Klinke«, rief die Großmutter, »ich bin zu schwach und kann nicht aufstehen.« Der Wolf drückte auf die Klinke, die Türe sprang auf, und er ging, ohne ein Wort zu sprechen, gerade zum Bett der Großmutter und verschluckte sie. Dann tat er ihre Kleider an, setzte ihre Haube auf, legte sich in ihr Bett und zog die Vorhänge vor.

Rotkäppchen aber war nach den Blumen herumgelaufen, und als es so viel zusammen hatte, daß es keine mehr tragen konnte, fiel ihm die Großmutter wieder ein, und es machte sich auf den Weg zu ihr. Es wunderte sich, daß die

Türe aufstand, und wie es in die Stube trat, so kam es ihm so seltsam darin vor, daß es dachte: Ei, du mein Gott, wie ängstlich wird mir's heut zumut, und bin sonst so gerne bei der Großmutter! Es rief: »Guten Morgen!« bekam aber keine Antwort. Darauf ging es zum Bett und zog die Vorhänge zurück: da lag die Großmutter und hatte die Haube tief ins Gesicht gesetzt und sah so wunderlich aus. »Ei, Großmutter, was hast du für große Ohren!« – »Daß ich dich besser hören kann.« – »Ei, Großmutter, was hast du für große Augen!« – »Daß ich dich besser sehen kann.« – »Ei, Großmutter, was hast du für große Hände!« – »Daß ich dich besser packen kann.« – »Aber, Großmutter, was hast du für ein entsetzlich großes Maul!« – »Daß ich dich besser fressen kann.« Kaum hatte der Wolf das gesagt, so tat er einen Satz aus dem Bette und verschlang das arme Rotkäppchen.

Wie der Wolf sein Gelüsten gestillt hatte, legte er sich wieder ins Bett, schlief ein und fing an, überlaut zu schnarchen. Der Jäger ging eben an dem Haus vorbei und dachte: Wie die alte Frau schnarcht! Du mußt doch sehen, ob ihr etwas fehlt. Da trat er in die Stube, und wie er vor das Bette kam, so sah er, daß der Wolf darin lag. »Finde ich dich hier, du alter Sünder«, sagte er, »ich habe dich lange gesucht«. Nun wollte er seine Büchse anlegen, da fiel ihm ein, der Wolf könnte die Großmutter gefressen haben und sie wäre noch zu retten, schoß nicht, sondern nahm eine Schere und fing an, dem schlafenden Wolf den Bauch aufzuschneiden. Wie er ein paar Schnitte getan hatte, da sah er das rote Käppchen leuchten, und noch ein paar Schnitte, da sprang das Mädchen heraus und rief: »Ach, wie war ich erschrocken, wie war's so dunkel in dem Wolf seinem Leib!« Und dann kam die alte Groß-mutter auch noch lebendig heraus und konnte kaum atmen. Rotkäppchen aber holte geschwind große Steine, damit füllten sie dem Wolf den Leib, und wie er aufwachte, wollte er fortspringen, aber die Steine waren so schwer, daß er gleich niedersank und sich tot fiel.

Da waren alle drei vergnügt; der Jäger zog dem Wolf den Pelz ab und ging damit heim, die Großmutter aß den Kuchen und trank den Wein, den Rotkäppchen gebracht hatte, und erholte sich wieder, Rotkäppchen aber dachte: Du willst dein Lebtag nicht wieder allein vom Wege ab in den Wald laufen, wenn dir's die Mutter verboten hat.

Es wird auch erzählt, daß einmal, als Rotkäppchen der alten Großmutter wieder Gebackenes brachte, ein anderer Wolf ihm zugesprochen und es vom Wege ableiten wollen. Rotkäppchen aber hütete sich und sagte der Großmutter, daß es dem Wolf begegnet wäre, der ihm guten Tag gewünscht, aber so bös aus den Augen geguckt hätte: »Wenn's nicht auf offener Straße gewesen wäre, er hätte mich gefressen.« – »Komm«, sagte die Großmutter, »wir wollen die Türe verschließen, daß er nicht herein kann.« Bald danach klopfte der Wolf an und rief: »Mach auf, Großmutter, ich bin das Rotkäppchen, ich bring dir Gebackenes.« Sie schwiegen aber still und machten die Türe nicht auf, da schlich der Graukopf etlichemal um das Haus, sprang endlich aufs Dach und wollte warten, bis Rotkäppchen abends nach Haus ginge, dann wollte er ihm nachschleichen und wollt's in der Dunkelheit fressen. Aber die Großmutter merkte, was er im Sinn hatte. Nun stand vor dem Haus ein großer Steintrog, da sprach sie zu dem Kind: »Nimm den Eimer, Rotkäppchen, gestern hab ich Würste gekocht, da trag das Wasser, worin sie gekocht sind, in den Trog.« Rotkäppchen trug so lange, bis der große, große Trog ganz voll war. Da stieg der Geruch von den Würsten dem Wolf in die Nase, er schnupperte und guckte hinab, endlich machte er den Hals so lang, daß er sich nicht mehr halten konnte und anfing zu rutschen: so rutschte er vom Dach herab, gerade in den großen Trog hinein und ertrank. Rotkäppchen aber ging fröhlich nach Haus und tat ihm niemand etwas zuleid.

Archetypen im »Rotkäppchen«-Text

Dieses Märchen weist unter dem Aspekt der Jungfrau-Symbolik wesentliche Parallelen zu »Aschenputtel« auf: Wieder geht es zunächst um ein junges Mädchen auf dem Übergang ins Erwachsenendasein. Das rote Käppchen weist wiederum auf die Menstruationserfahrung hin, zugleich auf ein eigenwilliges »Köpfchen«, das durchaus kämpferisch seinen Weg nimmt, verliert und wiederfindet. Zusätzlich stellen der Hinweis auf das zerbrochene Glas (in der Rede der Mutter zu Anfang) sowie die gebrochenen Blumen Symbole der beendeten sexuellen Jungfräulichkeit und der angebrochenen genitalen Sexualität dar.

Hier wie bei Aschenputtel ist die Kraft der persönlichen Eltern geschwächt. Der Vater tritt nicht in Erscheinung, und maßgeblicher als die Mutter ist die Großmutter, deren Kappe das Mädchen wie ein Wahrzeichen trägt, die archetypische Große Mutter, deren Besuch und Gesundung (Wiederherstellung) Zweck der Wanderschaft des Mädchens ist.

Ein bedeutendes Erlebnis stellt aus der Sicht Rotkäppchens die Begegnung mit dem Jäger dar, welcher ja, wie alle Figuren des Märchens, auch als ein Teil von ihr zu verstehen ist. Er kommt zum Vorschein, als sie sich in finsterer Verschlungenheit befindet. Der Wald, das Dunkle und das Unbewußte bringen also nicht nur die Begegnung mit dem Wolf mit sich, sondern auch mit einer neuen Qualität, mit dem Jäger in sich selbst.

Aus der Sicht des Jägers, des männlichen Parts, ist von Bedeutung, daß er sich der entfalteten Dreieinheit des Weiblichen – Tochter, Mutter, Alte Frau – gegenübersieht, einer vollständigen Begegnung mit dem Weiblichen, die er »lange gesucht« hat und welche ihm nun mit wölfischen Zügen gegenübertritt. Er lernt, seine Büchse wegzulegen. Mit der Schere macht er nun sinngemäß und praktisch dasselbe wie zuvor Aschenputtel mit den Erbsen und Linsen.

Besonders interessant wird »Rotkäppchen« für die Jungfrau-Thematik durch die *Wucht*, mit welcher hier jenes »Zurückfallen auf archetypische Erfahrungen« vonstatten geht. In dem Moment, wo Rotkäppchen in den Wald geht, trifft sie den Wolf. Der Wolf verkörpert unersättlichen Hunger, das ungestillte Verlangen, die Kraft des Schattens sowie die Gefahr einer verselbständigten Schattenexistenz. Die Macht längst vergessener, unbekannter oder verdrängter Erfahrungen wird in Gestalt des Wolfes präsent.

Die Nachwirkung sehr alter Erfahrungen macht das Märchen selbst dadurch deutlich, daß es in großen Teilen eine Wiederholung des antiken Mythos von Demeter und Kore darstellt (vgl. S. 13). Persephone (anderer Name: Kore) und Rotkäppchen werden beide beim Blumenpflücken bzw. im Zusammenhang damit überfallen und verschlungen. Bei Persephone ist es Hades/Pluton, bei Rotkäppchen eben der Wolf – jedesmal die Macht des Schattenreiches.

Im Mythos macht sich Demeter, die Erdmutter, auf die Suche nach Persephone, und es gibt einige entsprechende Varianten des »Rotkäppchen«, in welchen die Mutter sich ebenfalls auf die Suche begibt oder den Jäger in ihrem Auftrag losschickt.

In der hier zitierten Fassung durch die Brüder Grimm fehlt die Suche seitens der Mutter. – Der Wolf aber spielt eine Doppelrolle. Er schluckt die Großmutter; er ist insofern ihr Gegenspieler, wie bei Hades und Demeter. Zweitens jedoch mimt er anschließend die Rolle der Großmutter nicht nur, er *ist* eine Erscheinungsform der Großen Mutter, eine Seite uralter Erfahrungen des Weiblichen. Als solche weist die »Rückbindung an den Urgrund«, auf welche Rotkäppchen zielt, wenn sie zum Besuch der Großen Mutter in den Wald aufbricht, durchaus überwältigende, verschlingende Dimensionen auf.

Die *Integration, d. h. die innere Verarbeitung des jeweiligen Gegengeschlechts* (die Jägerrolle für Rotkäppchen, die weibliche Dreieinheit für den Jäger) und die *genaue Unterscheidung* (mit der Schere) zwischen dem wolfhaften Schatten einerseits und seinen verborgenen Inhalten (Großmutter und Tochter: Erneuerung des Lebens) andererseits werden zu wesentlichen Aufgaben der Jungfrau in uns, wenn wir auf dem Weg zur eigenen Individualität auf alte und uralte fortwirkende Erfahrungswerte treffen.

Erfahrung und Ernte

Die Jungfrau als Sinnbild
verwirklichter Individualität

Seit der Zeit von Kore und Demeter, durch Jahrhunderte und einige Jahrtausende hindurch stellt die Jungfräulichkeit ein außergewöhnliches Tabu- und Reizthema dar. Dessen Vehemenz besteht heute fort, sie hat sich aber verlagert. Zur Erklärung dieser neuen Situation ist – wiederum der alte Mythos hilfreich.

Pluton (oder Hades) heißt im Mythos der Gemahl der Kore/Persephone. *Plutos* ist ein Bruder derselben. Pluton ist der Gott der schattenhaften Unterwelt, Plutos der des Reichtums und des guten Geschicks (des Glücks). – Beide, Pluton und Plutos, aber waren Namenspaten, als 1930 der bisher letzte und *äußerste* (große) Planet unseres Sonnensystems entdeckt wurde. Nach allgemeiner astrologischer Auffassung stellt das Sichtbarwerden dieses *Pluto* ein Zeichen für eine neue Bewußtseinsstufe im menschlichen Verhalten dar.

In der Astrologie vertritt Pluto, ganz in Anlehnung an die Doppeldeutung von Pluton und Plutos im Mythos um Kore und Demeter, die Grenz- und Schattenbereiche des Daseins, er steht für Reichtum und Glück aus der Bewußtwerdung vormals verborgener Wirklichkeiten.

Im Zeichen des Pluto werden heute die Scham- und Schattengrenzen und der Begriff des menschlichen Reichtums neudefiniert. Bis 1930 markierte Neptun die äußerste Grenze des Sonnensystems. Vieles, was bis dato *jenseits* von Neptun lag, wurde plötzlich zu einem *Diesseits* – nämlich von Pluto. Neptun aber regiert astrologisch in den Fischen, deren Definition »Ich glaube« lautet. *Vieles von dem, was im Glaubensleben als Jenseits galt, wird also zum Gegenstand einer »diesseitigen« Erfahrung.* Vieles von dem, was vor 1930 den Glauben, die einzelne Person sowie das subjektiv Erfaßbare überstieg, gehört nun zum inneren Bereich unseres »Sonnen«-Systems und auch zum Innenleben des Menschen.

Pluto erfordert eine Offenheit für und eine Auseinandersetzung mit »Eckwerten« und »Grenzerfahrungen«, welche bis in die Anfänge dieses Jahrhunderts so selbstverständlich, so heilig oder so tabuisiert waren, daß sie bis dahin »kein Thema« waren. Vieles, was vormals (und zum Teil seit Urzeiten) im Schatten lag, ist zutage getreten, und dieser Prozeß der Offenbarung verborgener Seinsbereiche hält weiter an. Die Psychoanalyse hat insbesondere die Triebe und die Instinkte sichtbar gemacht: die Sexualität und andere elementare Antriebe und Bedürfnisse. Die Tiefenpsychologie hat ganze Archive von versunkenen Bildern, Archetypen und Urerfahrungen ausgegraben, aus dem Unbewußten hervorgehoben. Die Ahnung von den Möglichkeiten und den Abgründen der menschlichen Natur hat sich erheblich erweitert.

Diese zu kennen und zu verarbeiten, gehört heute zum Begriff der Jungfrau dazu, soweit wie Pluto seit mythischen Zeiten ein unmittelbarer Verwandter der Kore, der Jungfrau, ist. Doch mehr noch: Von 1956–72 stand der Planet Pluto im Zeichen der Jungfrau – das erste und einzige Mal seit seiner Entdeckung im Jahre 1930. In der früheren Geschichte hat es immer wieder *einzelne* ausgeprägte Jungfrau-Typen gegeben; einzelne Prophetinnen und Propheten, Pilger/innen, Künstler, Künstlerinnen, Eingeweihte usw. Im Unterschied dazu aber ist jetzt eine ganze *Generation* vom Aufbruch ins jungfräuliche »Unbekannte« (das sie selber ist) betroffen: Unmittelbar alle, die zwischen 1956 und 1972 geboren wurden; mittelbar all diejenigen, welche diesen besonderen »Generationenkonflikt« in den und um die 1960er Jahre kennengelernt haben.

Von der Verheißung zur Verwirklichung

Jungfrau und Fische stehen sich im Tierkreis geradewegs gegenüber. Im Fische-Zeitalter, in welchem wir leben, ist die Jungfrau *das* Gegenüber schlechthin. Die Jungfrau stellt am ehesten den kollektiven Schatten des Fische-Zeitalters dar. Wenn es gelingt, diesen Schatten aufzutrennen – wie es u. a. Aschenputtel und Rotkäppchen symbolisieren –, dann bedeutet die Jungfrau keineswegs die »Fortuna mala«, das mißgünstige Schicksal, das die ältere Astrologie ihr nachsagte. Im Gegenteil: Was Rotkäppchen mit der Schere und was Aschenputtel mit den Erbsen und Linsen macht, ist nicht zuletzt ein Gleichnis für die »typische« Lebensaufgabe der Jungfrau, deren astrologische Definition »Ich analysiere« lautet. *Analysieren* – auch diesmal ist die Feststellung der Wortbedeutung ungemein hilfreich – heißt aus dem Altgriechischen: auflösen, losknüpfen, befreien und abschaffen; ferner: aufbrechen und zurückkehren; sowie: etwas für sich lösen und wiedergutmachen.

Indem die Jungfrau selber kollektive Schattenbereiche aufschließt, in Licht und Finsternis trennt, gelingt es ihr, das Unscheinbare zu unterscheiden. Vormalige Grenz- und Schattenbereiche des Daseins verlieren dadurch ihre Unerfindlichkeit. Was im Glaubensleben bloße Verheißung blieb, wird in den Händen der Jungfrau zur praktischen Wirklichkeit: Verborgene Gefahren werden damit besser sichtbar, zuvor unbekannte persönliche Chancen und Glücksmöglichkeiten besser realisierbar.

Die archetypischen Erfahrungen von Kore und Demeter nehmen damit neue Gestalt an. Der Schatten tritt nun nicht bloß als verschlingende Kluft auf, nicht mehr nur als böser Wolf wie im Märchen »Rotkäppchen«. Der Schatten ist selber zum Eremiten, zum Suchenden und Wegweiser geworden (wie etwa in der Figur des »Steppenwolf« – den gleichnamigen Roman schrieb Hermann Hesse 1927, also kurz vor der Entdeckung des Pluto; jener wurde populär in den späten 1960er Jahren, als Pluto im Zeichen der Jungfrau stand). Eine Weiterentwicklung stellt die (Buch- und Film-)Geschichte von dem »Der mit dem Wolf tanzt« dar: der wölfische Schatten als Gegenüber und Gefährte beim Reifungsprozeß, der zum *eigenen Weg* führt.

Zahlreiche Personen und gesellschaftliche Strömungen haben in diesem Sinne zu neuen Sinn- und Freiheits-Erfahrungen, zu neuen Paradiesvorstellungen gefunden, sind dabei, eigene Lebensformen und Begriffe für die »äußersten« Realitäten zu entdecken.

Die Symbolsprachen, so mögen die Beispiele zeigen, können diesem eigenen Weg als Brücke und als Orientierung dienen, indem sie persönliche Erfahrungs- und Wandlungsprozesse einleiten und begleiten.

Anmerkungen

S. 5: »**Die Unschuld ist...**« aus: Bertolt Brecht: Heiterkeit der Kunst, in: Gesammelte Werke. Frankfurt a. M. 1967, Bd. 15, S. 121.

S. 15: »**Teils zornige, teils rasend-orgiastische Züge...**«: Vgl. die der Persephone verwandten Gestalten Brimos, Zagreus, Dionysos. – *Semele*, Mondgöttin und zugleich eine andere Erscheinungsform der Persephone, galt übrigens als jungfräuliche Mutter des Dionysos; die Metapher der Jungfrauengeburt entstand schon vor dem Christentum.

S. 20: »**Am 28. August...**«: aus: J. W. v. Goethe: Dichtung und Wahrheit, zit. n.: Lutz Görner: Goethe für alle. Köln 1982, S. 7.

S. 24: **J. W. Pfaff, D. v. Heymann, Bruno und Louise Huber,** zit.n.: Udo Becker: Was sagen Sterne? Einführung in die Astrologie. Freiburg 1983, S. 89.

S. 29 ff.: **Christiane v. Wiese:** Sternzeichen Jungfrau, in: Bernhard D. Haage (Hrsg.): Sternzeichen aus einem alten Schicksalsbuch – Jungfrau. Frankfurt a. M. 1982, S. 15 ff.

S. 31 ff.: **Wolfgang Döbereiner:** Jungfrau, München 1974, S. 20 ff.

S. 35: **Frances Sakoian / Louis S. Acker:** Das große Lehrbuch der Astrologie. München 1984, S. 52.

S. 35: **Hermann Meyer:** Astrologie und Psychologie. Eine neue Synthese. Reinbek 1986, S. 107.

S. 35: **Luisa Francia:** Berühre Wega, kehr' zur Erde zurück. München 1982, S. 33.

S. 36 f.: F. Sakoian/L. S. Acker; H. Meyer; W. Döbereiner: jeweils a. a. O.

S. 37: **Chiron** (Wilhelm Unger): Unveröffentlichtes Manuskript. Köln 1934.

S. 38: **Geschichten zur Jungfrau-Symbolik:** Gina Ruck-Pauquèt: Geschichten für das Jungfrau-Kind. Bayreuth 1983. – Thorwald Dethlefsen: Schicksal als Chance. München 1980, S. 255 ff. – Johannes Fiebig: Tarot – Andere Wege im Alltag. Bonn 1987, S. 14 ff.

S. 39: **Phoenix/B. Messmer:** Venus ist noch fern. Unsere Suche nach einer weiblichen Astrologie. München 1981, S. 45 ff.

S. 41: **Edith Vahrenhorst:** Vieles war nicht nötig..., in: Brigitte Heidebrecht (Hrsg.): Laufen lernen. Texte vom Aufbruch. Bonn 1982, S. 65.

S. 45: **»Kaum eine Lebensäußerung...«** aus: StadtRevue Köln, Heft 1/85. – Die sich an das Zitat anschließende Textpassage folgt der Darstellung in: Johannes Fiebig: Tarot – Andere Wege im Alltag, a. a. O., S. 33 und 36.

S. 49: **Alexander Mitscherlich:** Auf dem Weg zur vaterlosen Gesellschaft. München 1963

S. 53: **Tarot und Astrologie:** Die vorliegende Zuordnung der Tarot-Karten zu Tierkreiszeichen und Planeten geht auf den Golden-Dawn-Orden (Orden der Goldenen Dämmerung) zurück, eine Rosenkreuzer-Vereinigung in England. 1888 gegründet, zerfiel er bald nach 1900 wieder. Seine Bedeutung besteht v.a. darin, daß der Orden ein Erbe der reichhaltigen esoterischen Theoriebildungen des 19. Jahrhunderts war, die er seinerseits zusammenzufassen suchte. Die Tarot-Karten spielten dabei eine Rolle unter vielem anderen. Die heute gängigsten Tarot-Karten (Rider Waite Tarot und Crowley Thoth Tarot, ohne welche die Tarot-Welle der letzten 10 bis 20 Jahre nicht vorstellbar ist) gehen auf Urheber/innen zurück, die zuvor einmal Mitglied im Golden-Dawn-Orden gewesen sind: Pamela Colman Smith und Arthur E. Waite sowie Lady Frieda Harris und Aleister Crowley.

Bei der Konzeption ihrer Karten folgten beide Produzentenpaare – mit geringen Unterschieden – in der Zuordnung zur Astrologie dem Golden-Dawn-Muster, das auch in diesem Buch wiedergegeben ist. Deshalb finden sich die hier genannten Zuordnungen im Rider-Tarot oftmals im Kartenbild wieder (z. B. Widder-Zeichen auf der Karte »IV-Der Herrscher« und Stier-Köpfe im Bild des »Münz-König«), und auf den Crowley-Karten sind diese selben Zuordnungen fast sämtlich als Zeichen angegeben.

Literatur dazu: Robert Wang: Der Tarot des Golden Dawn. Sauerlach 1985. – Israel Regardie: Das magische System des Golden Dawn. 3 Bde. Freiburg 1987. – Evelin Bürger & Johannes Fiebig: Tarot – Spiegel Deiner Möglichkeiten. 8. Aufl. Trier 1991, S. 115.

Neben der vorliegenden gibt es mehr als ein halbes Dutzend weitere Arten der Zuordnung, die in der Literatur vorgeschlagen werden. Diese sind jedoch nicht empfehlenswert, meist schon aus formalen Gründen, weil jeweils nur einem Teil der insgesamt 78 Tarot-Karten astrologische Werte beigegeben wurden. Inhaltliche Probleme entstehen daraus, daß die Tarot-Karten hauptsächlich zur Erläuterung von astrologischen oder sonstigen archetypischen Prinzipien benutzt werden und somit ihr Eigenleben verlieren. Das gilt auch für das Buch zu den im übrigen schönen Tarot-Karten von Mertz/Struck: B. A. Mertz und Paul Struck: Astrologie und Tarot. Interlaken 1981. – Eine Übersicht über verschiedene Zuordnungsweisen finden Sie in: Stuart R. Kaplan, The Encyclopedia of Tarot. Bd. 1. New York 1978, S. 4f.

S. 65: **Wolfgang Döbereiner:** a. a. O.

S. 66: **C. G. Jung,** zit. n.: Jolande Jacobi: Die Psychologie von C. G. Jung. Frankfurt a. M. 1978, S. 126.

S. 69: **Wilhelm Unger:** »Wofür ist das ein Zeichen?« (Werkauswahl, hrsg. v. Meret Meyer). Köln 1984.

S. 77: **Johannes Tauler,** zit. n.: Ulli Olvedi: Wir sind alle ganz normale Mystiker. München 1984, S. 29.

S. 80:   J. W. v. Goethe, zit. n.: Ulf Diederichs: Bildnachweis, in: F. C. Endres/A. Schimmel: Das Mysterium der Zahl. Köln 1984, S. 318.

S. 80:   »Tarot – Spiegel…«: Evelin Bürger/Johannes Fiebig: a. a. O., S. 108.

S. 82:   J. W. v. Goethe: Faust. Der Tragödie zweiter Teil. Vers 11574–11584.

S. 89:   »Traumentzug«: Vgl. Friedrich W. Doucet: Traum und Traumdeutung. München 1973, S. 24 f.

S. 99:   »Tänzerin«/»Uneheliche Mutter«: Vgl. C. G. Jung: Zum psychologischen Aspekt der Korefigur (1941), in: ders.: Archetypen. München 1990, S. 137 ff.

S. 119:   Aschenputtel: Vgl. zur Interpretation: Hildegunde Wöller: Aschenputtel. Energie der Liebe. Zürich 1984.

S. 119:   »Schicksal als Chance«: Vgl. Th. Dethlefsen, a. a. O.

S. 119:   »Handwörterbuch…«: Hannes Bächtold-Stäubli/Eduard Hoffmann-Krayer: Handwörterbuch des deutschen Aberglaubens. 10 Bde. Berlin 1927–42, hier: Stichwort Schuh.

S. 122:   Jill Johnston, zit. n.: Anja Meulenbelt: Die Scham ist vorbei. 6. Aufl. München 1981, S. 145.

S. 135:   Alexander Mitscherlich: Könige sind archetypische Groß-Väter – Zur Psychologie des Preußen Friedrich II., in: ders.: Das Ich und die Vielen. Ein Lesebuch, hrsg. v. Gerd Kalow. München 1978, S. 196 ff.

S. 137:   »Ihre Augen (-Linsen) aufzumachen…«: Interessanterweise heißt »Kore« im Altgriechischen nicht nur Jungfrau und Mädchen, sondern auch Puppe, *Pupille und Augapfel*!

155

Literaturhinweise

Astrologie

Barz, Ellynor: Götter und Planeten. Grundlagen archetypischer Astrologie. Zürich 1988

Döbereiner, Wolfgang: Astrologisches Lehr- und Übungsbuch: Münchner Rhythmenlehre. 6 Bände. München 1984 ff.

ders.: Heyne Tierkreis-Bücher. 12 Bände von Widder bis Fische. München 1974 f.

Greene, Liz: Schicksal und Astrologie. Die Familie im Spiegel des Horoskops. München 1985

Haage, Bernhard D. (Hrsg.): Sternzeichen aus einem alten Schicksalsbuch – Jungfrau. Mit einer Einleitung von Christiane von Wiese. Frankfurt a. M. 1982

Huber, Louise: Die Tierkreiszeichen. Reflexionen, Meditationen. 2. Aufl. Zürich 1983

Karrer, Iso: Tierkreis und Jahreslauf. Astrologie in Mythos und Volksbrauch. Basel 1985

Meyer, Hermann: Astrologie und Psychologie. Eine neue Synthese. München 1981, Reinbek 1986

Phoenix / Bärbel Messmer: Venus ist noch fern. München 1981

Riemann, Fritz: Lebenshilfe Astrologie. Gedanken und Erfahrungen. München 1977

Rosenberg, Alfons: Zeichen am Himmel. Das Weltbild der Astrologie. München 2. erw. Aufl. 1984

Sakoian, Frances, und Louis S. Acker: Das große Lehrbuch der Astrologie. München 1984

Sterneder, Hans: Tierkreisgeheimnis und Menschenleben. 2. Aufl. Freiburg 1985

Sun Bear und Wabun: Das Medizinrad. Eine Astrologie der Erde. 6. Aufl. München 1984

Weiss, Jean-Claude: Astrologie – Eine Wissenschaft von Raum und Zeit. Wettswil 1987

Tarot

Anonymus d'Outre-Tombe: Schlüssel zum Geheimnis der Welt. Meditationsübungen zum Tarot. Hrsg. v. Gertrude Sartory, Freiburg 1987

Banzhaf, Hajo: Das Tarot-Handbuch. München 1986

Bürger, Evelin, und Johannes Fiebig: Tarot – Spiegel Deiner Möglichkeiten. Ausgabe Rider-Tarot: 8. Auflage Trier 1991. Ausgabe Crowley-Tarot: Trier 1991

Crowley, Aleister: Das Buch Thoth (Ägyptischer Tarot). Waakirchen 1981

Deutsches Spielkarten-Museum: Tarot – Tarock – Tarocchi. Bearbeitet von Detlef Hoffmann und Margot Dietrich. Leinfelden-Echterdingen 1988 (Deutsches Spielkarten-Museum, Schönbuchstraße 32, D-7022 Leinfelden-Echterdingen)

Fiebig, Johannes: Tarot – Andere Wege im Alltag. 3. Aufl. Trier1992

Francia, Luisa: Hexentarot. Traktat gegen Macht und Ohnmacht. 4., erw. Aufl. Zürich o. J.

Hollenstein, Marion: Zur psychologischen Deutung des Tarot-Spiels. Zürich 1981

Kaplan, Stuart R.: The Encyclopedia of Tarot. 3 Bde. New York 1978, 1986 und 1990

Leuenberger, Hans-Dieter: Schule des Tarot – Band 3. Das Spiel des Lebens. Freiburg 1984

Nichols, Sallie: Die Psychologie des Tarot. Interlaken 1984

Pollack, Rachel: Tarot. 78 Stufen der Weisheit. München 1985

Waite, A. E.: Der Bilderschlüssel zum Tarot. Waakirchen 1978

Ziegler, Gerd (Bodhigyan): Tarot – Spiegel der Seele. Sauerlach 1984

Traumdeutung

Adler, Alfred: Lebenskenntnis. Frankfurt a. M. 1978

Aeppli, Ernst: Der Traum und seine Deutung. München 1984

Doucet, Friedrich W.: Traum und Traumdeutung. München 1973

Freud, Sigmund: »Selbstdarstellung«. Frankfurt a. M. 1971

ders.: Die Traumdeutung. Frankfurt a. M. 1972

Hark, Helmut, Verena Kast, Ingrid Riedel (Hrsg.): *Reihe* Träume als Wegweiser (Traumbild Baum, Traumbild Fuchs usw.) Olten und Freiburg 1986 ff.

Harnisch, Günter: Das große Traum-Lexikon. Freiburg 1989

Jacobi, Jolande: Die Psychologie von C. G. Jung. Eine Einführung in das Gesamtwerk, mit einem Geleitwort von C. G. Jung. Frankfurt a. M. 1978

Jung, C. G.: Bewußtes und Unbewußtes, Frankfurt a. M. 1957

der.: Traum und Traumdeutung. München 1990

Mann, Thomas: Freud und die Zukunft; in: Sigmund Freud: Abriß der Psychoanalyse. Das Unbehagen in der Kultur. Frankfurt a. M. 1970

Vollmar, Klausbernd: Dream Power. Ein Handbuch für Träumer. Berlin 1988

Märchen/Märchendeutung

Birkhäuser-Oeri, Sibylle: Die Mutter im Märchen. Stuttgart 1976

Drewermann, Eugen, und Ingrit Neuhaus: *Reihe* Grimms Märchen tiefenpsychologisch gedeutet. Olten und Freiburg 1982 ff.

Fiebig, Johannes: Märchen heute – was sie uns bedeuten. Planungsmaterial für den Deutschunterricht (in der Reihe: Deutsch – betrifft uns, hrsg. v. Guido Ossemann). Aachen 1985

Franz, Marie-Louise von: Psychologische Märcheninterpretation. Eine Einführung. München 1989

dies.: Das Weibliche im Märchen. Stuttgart 1977

Grimm, Brüder Jacob und Wilhelm: Kinder- und Hausmärchen. Urfassung 1812/1814. Mit einem Nachwort von Peter Dettmering. Lindau o. J.

dies.: Kinder- und Hausmärchen: Jubiläumsausgabe zum 200. Geburtstag 1985/6: Ausgabe letzter Hand mit den Originalanmerkungen der Brüder Grimm, hrsg. v. Heinz Rölleke. Stuttgart 1984

Hetmann, Frederik: Traumgesicht und Zauberspur. Märchenforschung – Märchenkunde – Märchendiskussion. Frankfurt a. M. 1982

Seifert, Theodor (Hrsg.): *Reihe* Weisheit im Märchen. Zürich 1984 ff.

Wittmann, Ulla: Ich Narr vergaß die Zauberdinge. Märchen als Lebenshilfe für Erwachsene. Interlaken 1985.

Verschiedenes zur Symbolkunde

Adorno, Theodor W.: Minima Moralia. Reflexionen aus dem beschädigten Leben. Berlin u. Frankfurt a. M. 1951

Arnheim, Rudolf: Anschauliches Denken. Zur Einheit von Bild und Begriff. Köln 1969

Bächtold-Stäubli, Hannes, und Eduard Hoffmann-Krayer (Hrsg.): Handwörterbuch des deutschen Aberglaubens. 10 Bände. Berlin 1927–42

Feldenkrais, Moshé: Die Entdeckung des Selbstverständlichen. Frankfurt a. M. 1985

Fromm, Erich: Märchen, Mythen, Träume. Eine Einführung in das Verständnis einer vergessenen Sprache. Reinbek 1981

Groddeck, Georg: Der Mensch als Symbol. Frankfurt a. M. 1978

Herder-Lexikon: Symbole. Freiburg 1978

Kellerer, Christian: Der Sprung ins Leere. Objet trouvé – Surrealismus – Zen. Köln 1982

Kerény, Karl: Die Mysterien von Eleusis. Zürich 1962, 1981

Lang, Hermann: Die Sprache und das Unbewußte. Jacques Lacans Grundlegung der Psychoanalyse. Frankfurt a. M. 1986

Langer, Susanne D.: Philosophie auf neuen Wegen. Das Symbol im Denken, im Ritus und in der Kunst. Frankfurt a. M. 1965, 1984

Lurker, Manfred: Lexikon der Götter und Dämonen. Stuttgart 2. Aufl. 1989

ders. (Hrsg.): Wörterbuch der Symbolik, Stuttgart 4. Aufl. 1988

Miers, Horst E.: Lexikon des Geheimwissens. München 1986

Mitscherlich, Alexander: Auf dem Weg zur vaterlosen Gesellschaft. Ideen zur Sozialpsychologie. München 1963

ders.: Das Ich und die Vielen. Ein Lesebuch. Hrsg. v. Gert Kalow. München 1978

Ranke-Graves, Robert von: Griechische Mythologie. Quellen und Deutung. 2 Bde. Reinbek 1982

Riedel, Ingrid: Demeters Suche. Mütter und Töchter. Zürich 1986

Ruck-Pauquèt, Gina: Geschichten für das Jungfrau-Kind. Bayreuth 1983

Vollmar, Klausbernd: Das Geheimnis der Farbe Schwarz. Südergellersen 1988

Wedewer, Rolf: Zur Sprachlichkeit von Bildern. Ein Beitrag zur Analogie von Sprache und Kunst. Köln 1985